Zhongguo Wenhua
Zhishi Duben

中国文化知识读本

巴蜀文化

主编
金开诚

编著
姚晓娟

吉林出版集团有限责任公司
吉林文史出版社

图书在版编目（CIP）数据

巴蜀文化／姚晓娟编著. —— 长春：
吉林出版集团有限责任公司：吉林文史出版社，2009.12（2023.4重印）
（中国文化知识读本）
ISBN 978-7-5463-1711-3

Ⅰ．①巴… Ⅱ．①姚… Ⅲ．①巴蜀文化－简介 Ⅳ.
①K871.34

中国版本图书馆CIP数据核字(2009)第236919号

巴蜀文化

BASHU WENHUA

主编／ 金开诚　编著／姚晓娟
项目负责／崔博华　责任编辑／曹　恒　于　涉
责任校对／王文亮　装帧设计／曹　恒
出版发行／吉林出版集团有限责任公司　吉林文史出版社
地址／长春市福祉大路5788号　邮编／130000
印刷／天津市天玺印务有限公司
版次／2009年12月第1版　印次／2023年4月第7次印刷
开本／660mm×915mm　1/16
印张／8　字数／30千
书号／ISBN 978-7-5463-1711-3
定价／34.80元

前　言

　　文化是一种社会现象，是人类物质文明和精神文明有机融合的产物；同时又是一种历史现象，是社会的历史沉积。当今世界，随着经济全球化进程的加快，人们也越来越重视本民族的文化。我们只有加强对本民族文化的继承和创新，才能更好地弘扬民族精神，增强民族凝聚力。历史经验告诉我们，任何一个民族要想屹立于世界民族之林，必须具有自尊、自信、自强的民族意识。文化是维系一个民族生存和发展的强大动力。一个民族的存在依赖文化，文化的解体就是一个民族的消亡。

　　随着我国综合国力的日益强大，广大民众对重塑民族自尊心和自豪感的愿望日益迫切。作为民族大家庭中的一员，将源远流长、博大精深的中国文化继承并传播给广大群众，特别是青年一代，是我们出版人义不容辞的责任。

　　本套丛书是由吉林文史出版社和吉林出版集团有限责任公司组织国内知名专家学者编写的一套旨在传播中华五千年优秀传统文化，提高全民文化修养的大型知识读本。该书在深入挖掘和整理中华优秀传统文化成果的同时，结合社会发展，注入了时代精神。书中优美生动的文字、简明通俗的语言、图文并茂的形式，把中国文化中的物态文化、制度文化、行为文化、精神文化等知识要点全面展示给读者。点点滴滴的文化知识仿佛颗颗繁星，组成了灿烂辉煌的中国文化的天穹。

　　希望本书能为弘扬中华五千年优秀传统文化、增强各民族团结、构建社会主义和谐社会尽一份绵薄之力，也坚信我们的中华民族一定能够早日实现伟大复兴！

目录

一、总论

峨眉山雪景

（一）巴蜀文化的源流和发展脉络

巴文化最早源于湖北西南的清江流域，后活动于盆地东部及附近地区。西周初年周武王"封宗姬于巴"，也就是把宗姬分封到称为巴的界域中，所以称为巴国，后巴为秦所灭。在《山海经》《左传》《逸周书》等古代典籍中，就有对巴国的记载，如《山海经·海内南经》记载："巴蛇食象，三岁而出其骨，君子服之，无心腹之疾。其为蛇青赤黑，一曰黑蛇青首，在犀牛西。""西南有巴国，……后照始为巴人"等说法。最早的巴，作为地域名称，其范围是以鄂西为中心，包括川东北嘉陵江上游和渠江流域，北至汉中，以及鄂西北竹山一带的广大地区。《华阳国志·巴志》中记载巴国之属包括"濮、、苴、共、奴、獽、夷、蜒之蛮"，由此我们可知，这是一个以巴族为主体族的十分广泛的民族系统。巴文化是巴族在内的巴地各民族创造的物质和精神文明的总和。

蜀文化以成都为中心，从距今四五千年的新石器时代晚期兴起，包括盆地西部及陕南、滇北一带。蜀族本属氐羌族的一支，后来活动区域不断扩大，故而今川西至陕南的一些古老民族仍被称为蜀族。举世闻名的广汉三星堆古城遗址，是目前面积最大的蜀文化遗址。它的发掘表明，远在西周以前，独具特色的蜀文化就已经存在了。这个遗址，足以证明古蜀文明

三星堆遗址博物馆

峨眉山雪松

强大的国力和经济水平、艺术水平完全可以与中原文明相媲美。

　　传说，蜀地早建有地方政权，和巴一样，蜀亦为秦所灭。《华阳国志·蜀志》记载"得蜀则得楚，楚亡而天下并矣"。由此可见，秦并天下自蜀始。古蜀文化是一个影响范围较为宽广的地域文化，巴、蜀两国疆域毗邻，相互影响势所必然，所以在各自保留本民族的一些特点外，有更多的共同性。巴地与蜀地、巴人与蜀人是经过长期的互相接触、交流和融合，形成一个统一的区域文明，先秦文献即有"巴蜀"连称，《史记》《汉书》曾将其列为同风同俗的文化区域。总之，作为多

峨眉山金顶华藏寺银顶

元一体的中国文化源头之一的蜀文化，是成都
平原、岷江流域历史的积淀，它和巴文化一起
至秦汉时期，共同汇入了中华文化之中，从而
共同缔造了悠久灿烂的巴蜀文化。就如谭洛非
先生所说："巴蜀文化，是指四川省地域内，以
历史悠久的巴文化和蜀文化为主体，包括省内
各少数民族文化在内的、由古至今的地区文化
的总汇。"

巴蜀文化在历史上各发展时期都呈现出了
鲜明的时代特征。先秦时期的巴蜀文化表现为
神权文明和礼乐文明共存。

秦汉时期可以作为巴蜀文化的转型期，秦

李白雕像

并巴蜀、移民入川加快了巴蜀地区与中原的经济文化交流的步伐，使中原地区较为先进的政治制度与生产技术大量传入，再加上都江堰水利工程和井盐、天然气的开采，更使蜀中的农业和手工业得以高速发展。《华阳国志·蜀志》赞誉成都"汉家食货，以为称首"，且人口众多，仅次于首都长安，位居全国第二。汉魏之际，巴蜀是中国道教的发源地，天师道成为全国道教的主干，给巴蜀文化蒙上了独特的宗教文化色彩，在全国范围内产生了重大影响。诸葛亮治蜀时，也极大地推动了巴蜀地区的经济文化发展。两晋时期，战乱频发，使得巴蜀经济文化长期处于凋敝状态，是一个明显的停滞时期。

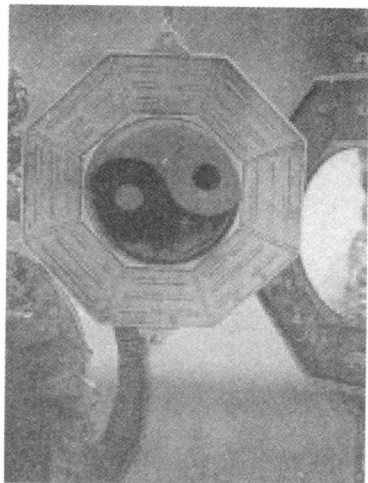

汉魏之际，巴蜀是中国道教的发源地

唐宋时期是巴蜀文化的繁荣期。陈子昂说："国家富有巴蜀，是天府之藏。自陇右及河西诸州，军国所资，邮驿所给、商旅莫不取给于蜀。又京师府库，岁月珍贡，尚在其外，此诚因之珍府。"经济上出现了全世界最早的纸币"交子"，不论在中国经济史上还是中国文化史上都占有相当重要的地位。经济的高度发展使得文学、哲学、史学名家辈出，全国也有大批文化名人纷纷入蜀，如元稹、王勃、高适、岑参、刘禹锡、贾岛、李商隐、韦庄、黄庭坚、范成大、陆游等纷纷有过入蜀的经历。这里还是"诗仙"李白、陈子昂、三苏、苏舜钦等人的故乡，"诗圣"杜甫也曾在这里写下了大量不朽的篇章，真可谓众星云集、璀璨夺目。可以说，唐宋时代的巴蜀文坛之盛，在整个古代均可称是空前绝后。

从元初到清代中叶，这五百年来的漫长岁月，是巴蜀文化的衰退期。元代四川地区遭蒙古蹂躏，经济急剧下滑，巴蜀地区基本上处在动乱之中，至明代有所恢复，并在一定程度上得到发展。清初大批移民前来，大大推动了巴蜀地区经济的开发，使巴蜀文化呈现出若干新面貌。

蛾眉山雪景

（二）巴蜀文化的特征

第一，兼容性。

巴蜀地区的族源具有多元化的特征。本质上，巴蜀文化应当属于移民文化。巴蜀之地从古即是多民族共同聚居之地，如古蜀王国的五个王朝的主体族：蚕丛氏、柏灌氏、鱼凫氏、开明氏、杜宇氏就来自五个不同的区域。另外，历史上曾经有过几次重要的移民之举。从战国时起，外籍入川者甚多，秦

并巴蜀以后，曾"移秦民万家以实之"。汉唐时期，移民活动更加频繁，先有汉室宗裔刘璋入蜀，再有刘备、诸葛亮治蜀，这种大规模的移民活动不可能不对巴蜀本土文化产生影响。清初所谓"湖广填四川"，移入之民多于本地土著人口。现在的巴、蜀，仍有汉、彝、藏、羌、土家、苗、回等十几个民族繁衍生息，这说明巴蜀文化具有较强的涵容性。

第二，开放性。

巴蜀文化孕育于四川盆地之中，盆地的特殊地理环境，对巴蜀文明的产生、发展和演变带来深刻影响。盆地周围群山高耸，自成一个孤立的地理单元，古称"四塞之国"，但巴蜀

三星堆出土的青铜面罩

文化并不是一种封闭的、自我循环的文化。由于盆地的地理位置正处于我国西部高原和东部平原的交接地带，处于黄河流域和长江流域的交汇地带，这种东与西、南与北的特殊的交叉位置，又促成了巴蜀先民很早以来就形成的积极突破群山封锁、开拓对外交通的奋斗意识与斗争精神。司马迁说："栈道千里，无所不通。"巴蜀先民正是以刚毅、执着的精神，开辟了一条条穿越盆地周边山地险阻的通道，与外界进行着广泛而频繁的交流。其北面与中原文化相融汇，西面与秦文化交流，南与楚文化、滇黔文化相遇。如三星堆文化的青铜器不仅可以感受到中原青铜文化的明显印记，而且有很多礼器就是根据中原青铜器仿制而来的。又如《华阳国志·巴志》说："江州以东，滨江山险，其人半楚，姿态敦重。"宋玉《对楚王问》说，有客歌"下里巴人"于楚都，"国中属而和者数千人"。考古发现，川东巴地多楚墓，鄂西楚地多巴物等，这些都说明巴蜀文化与楚文化联系紧密，相互影响之深可见一斑。再如著名的三星堆遗址出土的海贝、金杖，有着中亚、西亚及海洋文明的印记；新都画像砖上的翼形兽、雅安高颐阙前的石狮形象，无疑是受到安息艺术的影响。

第三，鲜明的地域性。

巴蜀文化作为一种区域性文化，它的独特性是极为明显的，这种独特性体现在社会生活的方方面面，如川菜作为中国八大菜系之一，远近闻名；蜀锦的美妙绝伦令中外游者赞叹不已；盐业的发达也是闻名遐迩，左思《蜀都赋》称"家有盐泉之井"即是例证。

三星堆出土的海贝

巴蜀地区的文化特色不仅表现在物质文化的发达上，还表现为民俗的奇特和学术的灿烂辉煌。如悬棺之谜至今尤未能解开，黄老之学、历法术数、卜筮灾异等学术知识的精深等等。

文学上，《华阳国志·蜀志》说："蜀自

峨眉山金顶

汉兴……风雅英雄之士，命世挺生，……于是
玺书交驰于斜谷之南，玉帛戋戋于梁、益之乡。"
其后苏轼追述此段历史，云："文章之风，维
汉为盛。为贵显暴著者，蜀人为多。盖相如唱
其前，而王褒继其后。峨冠曳佩，大车驷马，
倘佯乎乡闾之中，而蜀人始有好文之意。弦歌
之声，与邹、鲁比。"由此可见，古代巴蜀地
区文才辈出，竟为大家。

总之，巴蜀文化除具有农业文明的封闭性
和静态性外，它又明显地具有对外努力开拓的
开放性。文化面貌即呈现出"人情物态，别是
一方"的地方性，又具有和其他文化交流融会
的鲜明印记。正是因为如此，巴蜀文化才得以
迸发出耀眼的光辉。

二、得天独厚的自然环境

四川盆地俯瞰图

（一）地理位置和地形特征

位于中国西南部的巴蜀文化区，是指以四川盆地为中心，兼及周边风俗略同的地区，它的中心即与今天的四川省和重庆市的区域相当。在古代，巴蜀文化区所包含的地域范围更广，还包括黔涪高原和汉中盆地，以及湘西山地和鄂西南等"与巴蜀同俗"的区域。巴蜀地区东部和西部分别是四川盆地、川西山地和高原，均属长江上游流域地区，只有西北部的若尔盖草地一小部分属于黄河上源。地处东经97°21′至110°12′，北纬26°03′至34°19′之间，北部与寒冷、干燥的甘肃、陕西相毗邻，东连以农耕为主的江汉平原，南临温暖湿润的贵州、云南，西接以游牧为主的康藏高原，面积达 57 万平方公里。

从地图上看，巴蜀位于东亚大陆腹地的"两河流域"——黄河与长江之间，四川盆地处于一个十分重要的交汇口，这里土地肥沃、水源充足、物产丰富，是人类古代文明的生长区。巴蜀文化区这一特定的地理位置必定使它成为沟通东西南北各种文化因素的桥梁，四川盆地就如同聚宝盆一样，成为融合东南西北各种文化因素的复合体。也正是这样特殊的地理位置成就了海纳百川的巴蜀文化。

美丽的巴蜀风光

巴蜀地形复杂多样，含山地、丘陵、盆地、平原、高原、高山多种类型。平原与丘陵区面积约为 12.5 万平方公里，是人们进行经济与文化活动的主要地区。东部盆地四面环山，一般海拔在 1000—2000 米之间，少数可达海拔 3000—4000 米。盆底大致可以广元、雅安、叙永和奉节四地的连线为界，面积约 17 万平方公里，形状像个菱形的大盆。西部高原地形复杂，海拔相差悬殊，东、西部地形差别较为明显。

盆地内山地约占 40%，丘陵占 51. 9%，平原占 7. 2%。因地形复杂多样、资源雄厚、

四川盆地独特的地理环境孕育了
多元的巴蜀文化

物产丰富，自然条件和生态环境都十分优越，自古以来便是农业富庶之区。"天府之国"的美誉，主要指的就是四川盆地。

盆地的特殊地理环境，极大地影响了巴蜀文明的发生、发展和演变。

首先，地方性鲜明，盆地四周有高山屏障，自成一个地理单元，《隋书·地理志》称其为"其地四塞，山川重阻"，无怪大诗人李白曾叹道"蜀道之难，难于上青天"，"诗圣"杜甫的足迹也曾踏遍半个中国，可当他由陕入蜀之际，竟写下了"我行山川异，忽在天一方。但逢新人民，未卜见故乡"的诗句。在他的诗篇中，曾多次称蜀中为"异方"，可见他们对巴蜀地域特色的认同感有多么的强烈。

其次，文化发展向心性明显。盆地四周高峻而中间低平，成都平原成为整个盆地的中心。这里不仅成为经济文化最发达的地区，而且对周边地区也产生着强烈的影响，使得周边的物质和精神文化成果不断向中心汇聚的同时，中心的经济文化成果又向四方辐射，形成一个十分稳定的文化复合体，故而成都自古以来就被称为"一方之会"。

再次，由于盆地的地理位置正处于我国西部高原和东部平原的过渡地带，处于北方的黄河流域和南方的长江流域的交汇地带，这种东与西、南与北的交汇位置，使巴蜀人在长期文化融汇的过程中形成了勤劳精巧、不畏艰险、勇于探索、兼收并蓄的性格特征。

（二）气候条件和生态环境

从纬度位置看，巴蜀地区位于北纬30°左右，处于北半球回归高压带。雅安一带是巴蜀地区雨量最多的区域，有"雨城"

杜甫由陕入蜀之际，即被巴蜀地域文化所吸引

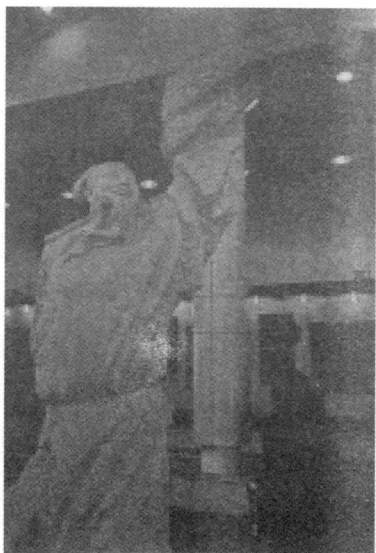

得天独厚的自然环境

之称，"西蜀天漏"就是形容盆地多雨的特征。由于内部特殊的地理环境，并且受到不同季风气流的交替影响，气候条件各异，大致可分成东部亚热带湿润气候和西部高原冬干夏雨气候两大类型。

东部盆地位于青藏高原东侧，在太平洋、大西洋之间，四周环山，并且形成了南低北高的地形。南边的娄山、凉山海拔不高，大洋暖流畅通无阻，而北边的大巴山、米仓山及秦岭一般海拔均在两千米左右，在冬季能够阻挡冷空气的侵入，从而形成冬暖春早、雨量充沛的特点。

西部高原地形复杂，海拔相差悬殊，因而气候变化很大，呈现出多种类型，具有雨

青藏高原

巴蜀风光

季分明、日照充足，气温的年较差小而日较差大等特点。高原南端的金沙江、安宁河谷地区纬度较低，海拔较高，加以北部群山阻隔，因而形成夏天无酷暑，冬天无严寒的气

候特征。

　　巴蜀东部和西部不同的地形和气候，使这里的生物圈呈现出兼容性和多样性的特征，其植物种类之多为中国其他地区所不及，甚至比整个欧洲还多，是珍稀动植物的宝库。有植物约四千多种，其中包括银杉、冷杉、水杉、云杉、银杏等高大乔木，还有古老的珙桐、连香树和水青树等名贵品种。不同时令开放的山花，幽香满谷。另外，在湿热河谷可见华南紫萁、桫椤、乌毛蕨、小羽桫椤、里白等古热带孑遗植物。阔叶林更是四川地区的典型植被，如海拔1600—1800米以下有刺果米槠、栲树、青冈、峨眉栲、曼青冈、包石栎、大包木荷、华木荷、四川大头茶、润楠、桢楠等代表树种。此外还有方竹、箭竹、筇竹、水竹等四十多种竹类灌木层，是我国珍稀保护动物大熊猫的"粮仓"。另有慈竹、楠竹、白夹竹等其他遍布盆地中的竹类，一直作为几千年来建筑、农具、日用器物、工艺品、食品的主要原料。

　　巴蜀地区不仅有珍稀的植物资源，更有丰富的巴蜀动物资源，在这里生活着占全国总数的40%以上的一千一百多种脊椎动物，其中珍稀动物就有五十五种之多。生息在四

银杉

珍稀物种小熊猫

川境内西北部的几处自然保护区内的大熊猫更是举世闻名的珍贵物种，因它只吃竹子，不伤生命，不猎食其他动物，故古代又称它们为"义兽"，名曰"驺虞"，被人们视为神物加以保护。此外还有金丝猴、扭角羚、小熊猫、犀象、牦牛、山鸡、白雉等珍贵物种。

巴蜀地区这种得天独厚的气候条件既适合人们的生活，同时也有助于农作物的生长。尤其是经过河流沉积物的积淀而形成的肥沃土壤，是保证盆地成为天府之国、膏腴之地的必要条件。成都平原，古称"广都之野"，适宜于亚热带常绿阔叶林生长，这里自古即是山青水秀，葱翠绿郁，夏无酷暑，冬无严寒，适于农耕的美丽富饶之地，故有"天府之国"

桃花源

的美称。文人左思在《蜀都赋》中曾用细腻而生动的笔触描绘古代巴蜀的生态，说它是"原隰坟衍，通望弥博，演以潜沫，浸以绵雒，沟洫脉散，疆里绮错，黍稷油油，粳稻莫莫""邑居隐赈，夹江傍山，栋宇相望，桑梓接连，家有盐泉之井，户有桔柚之园"的"桃花源"。氏羌在远古时代就已选择岷山作为生息地，这里也就成了巴蜀文化的重要源头之一。《华阳国志》中也记载巴地和蜀地不仅"土植五谷，牲具六畜"，更是"桑蚕麻苎"等经济作物的优良产地。正是这种优越的自然环境才使巴蜀地区具有"秦资其富，以兼七雄；汉阶其力，遂奄四海"的强大经济实力。

三、民族融合与民风、民俗

（一）多民族聚居

巴蜀先民自古以来就是由若干个民族共同构成的。商周时期，蜀族和巴族是巴蜀文化区的主体民族，他们很早就和中原的华夏族有着密切的往来。

巴人原居川鄂之间，"宗姬之巴"是巴国王族的来源。战国时受楚逼凌，退居清江，秦汉时期沿江向西发展。在巴人族团之中，还有生活在清水地区廪君之巴和属于夏人之后的丹山之巴以及居于渝水的巴渝之巴。他们都属于濮人系统，即扬雄在《蜀都赋》中所讲"东有巴，绵亘百濮"。

蜀族也是一个多源的集团，古蜀人先祖

巴蜀雪山风光

巴蜀先民迁徙到富庶的成都
平原后便定居于此

为蜀山氏，最初活动在川西岷山一带，以后才逐渐迁徙到成都平原。在《蜀王本纪》与《华阳国志·蜀志》中，明确记载了五代"蜀王"，即蚕丛、柏灌、鱼凫、杜宇、开明。蚕丛和柏灌都属于氐羌的一支，关于鱼凫的族属，有学者认为是南方的濮人，杜宇氏中的部分和开明氏亦为濮人，开明五世之前，蜀国的都城建于广都樊乡，此后又建都于新都。直至公元前316年秦惠王在位时秦国灭掉了蜀国，古蜀王国不复存在，从此蜀地成为秦国的粮仓，为秦统一六国奠定了物质基础。

秦举巴蜀以后，巴国和蜀国被正式纳入秦

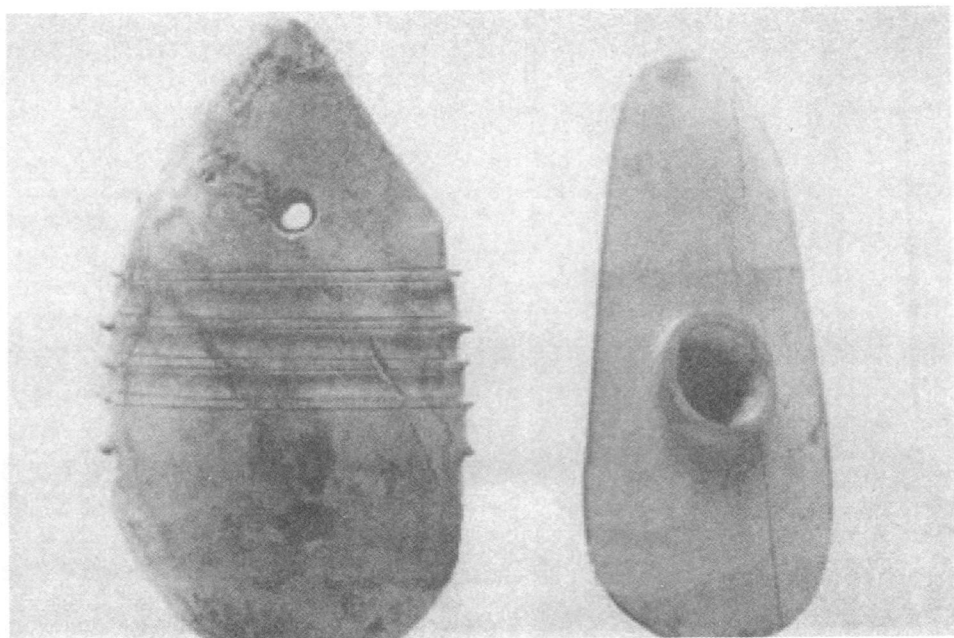

三星堆出土的玉器

国的版图。经过秦代到西汉早期，巴族和蜀族以及周边其他族才逐渐融于汉族之中。

汉族构成巴蜀地区人群的主体，主要聚居于四川盆地内。巴蜀先民很早就和华夏族有着密切的交往，如在蜀地考古发掘出土的战国末期的巴蜀青铜兵器上，就已出现了汉字；再如三星堆地区的玉器与青铜酒器，彭州出土的青铜酒器等，均属殷周时期的中原文物或与中原文物极为相似的文物。由此可知，秦统一巴蜀之前，入川的华夏族已为数不少。

除了频繁的对外交流以外，历史上几次

大规模的移民潮也对民族融合起到了推波助澜的作用。

　　秦统一巴蜀之后，为了加强对巴蜀地区的开发，更重要的是为了转移东六国的对抗力量，决定向巴蜀大量移民，即《华阳国志·蜀志》所载："戎伯尚强，乃移秦民万家实之。"在秦人入蜀的同时，楚地也有大量的移民入蜀，即《华阳国志·巴志》所载："江州以东，滨江山险，其人半楚。"再有东汉三国时刘璋、刘备入蜀，诸葛亮治蜀等都给巴蜀文化区留下了汉文化的烙印。正是在大量移民入川，文化上不断交融的基础上，至秦汉时期，巴蜀地区的汉民族才得以形成。

巴蜀风光

民族融合与民风、民俗

除了盆地中形成的巴蜀先民的主体汉民族之外，在周边仍存在着若干个古老的民族，他们主要生活在盆地四周的高山、高原区。巴蜀地区少数民族总人口数有三百万之多。其中，藏、彝、羌族等少数民族主要生活在西部高原和山地，土家族和苗族主要生活在盆地东缘山地。另外，人口较多的十多个少数民族则散居于重庆和四川各地。至今四川省和重庆市辖境内，仍聚居和杂居着汉族和土家、彝、藏、羌、苗、回、傈僳、布衣、纳西、满、蒙族等十四个少数民族。这种民族分布格局显然是经过几千年的交流融合、迁徙定居、相互依存、发展演变的过程而形成的。而民族构成与融合的过程，又直接地

巴蜀地区的藏族人

武陵山区风光

反映了地域文化特色的源头与发展状况。这一过程同中华民族形成和发展的过程是相同的，是多元一体的中华民族繁衍生息过程的重要组成部分。

（二）民俗

巴蜀民俗文化是中国民俗文化的重要组成部分之一，由于巴蜀地区是一个汉族与少数民族聚居的地区，不仅汉族人数众多，很多少数民族也聚居于此，故而他们的风俗各异、文化多样。

1. 丧葬习俗

船棺葬是先秦巴蜀地区汉族流行的一种

悬棺葬

丧葬形式，这和当地人民傍水而居有一定的关联。船作为巴蜀人主要的交通工具，不仅在生产生活中发挥着巨大的作用，而且还赋予它更特殊的意义，即认为用船做的船棺可以在阴间当做渡河的工具。因此，船棺葬在巴蜀地区的出现、流行就不难理解了。

烧倒头纸钱也属于巴蜀地区汉族较有特色的丧葬习俗。民间又称烧落气钱、烧倒头袱纸等。即老人刚死或弥留之际，家人齐集于室，由配偶或子女扶起其头部，在地上点燃香烛。众人围跪于榻前，老人一旦咽气，便立即焚烧纸钱于地。

如今经过两千多年的文化沉积，巴蜀地区汉族的丧葬礼仪已发展得相当完备，有一整套包括报丧、做法事、出殡等在内的丧礼程序，仪式相当隆重。

除汉族以外，巴蜀地区的少数民族丧葬礼俗也是多种多样、纷繁复杂的。

如属于纳西族系的摩梭人的"洗马"葬俗就包括报丧、洗尸、捆尸、造木屋棺材、达巴巫师引魂开路、交待祖谱、集体吊唁、洗马绕村、出殡火化、隐藏骨灰等多个步骤。所谓"洗马"即对死者进行吊唁时，女主人应事先准备一匹好马，并请达巴巫师念《洗马经》，目的是让亡灵骑马归去。

悬棺葬也是一种非常奇特的古代丧葬形式，即在江河沿岸高耸的悬崖上，利用打桩或人工凿洞、天然洞穴等方式，将仙逝者连同装殓他的尺棺高高地悬挂于悬崖半腰的适当位置。这可能是源于原始宗教的一种崇拜方式，主要出现在福建武夷山地区和四川与云南交界的地方。苗族的一支僰人悬棺位于四川省境内的珙县、兴文与云南接壤处。这里在周代曾建僰侯国，汉武帝时期又称为僰道县。此处悬棺很多，关于悬棺究竟是怎样放置上去的，仍旧是个悬而未决的谜题。

悬棺葬

此外，羌族的丧葬歌舞和土家族的跳丧鼓也都很具特色，羌族的火葬通常在日落后进行，火化时，巫师们要边敲打羊皮单鼓边跳舞，火化结束后，死者的亲属们也开始唱歌跳舞，以祈祷祖先保佑新亡人能平安到达阴间。土家族在跳丧时，由一个人击牛皮鼓唱歌，跳舞的人则围着棺木边跳边接歌，参加者少则几十人，多则上百人，交替上场，直到天亮才结束。

2. 婚俗

巴蜀地区的婚嫁形式有很多种，如抢婚、调婚、指腹婚、童养媳、包办婚、买卖婚姻甚至冥婚等在历史上都曾出现过。

就汉族的婚礼而言，一般分为：纳采、

羌族青年男女

汉族婚姻习俗也流行
于四川各地

问名、纳吉、纳征、请期、亲迎六部分。汉族
婚姻习俗也流行于四川各地。如男女到了婚嫁
年龄，经媒人介绍双方情况后，如双方都感到
满意或比较满意，便会择吉日"看人户"，男
女双方经过"看人户"的仪式后，经过接触了
解，感情加深。这时，女家便正式决定将女方
许配给男家，称为"放人户"。婚期一定，女

方便要为新娘做一套结婚家具，叫作打行架；女子出嫁之前，亲友和近邻中与新娘相好的未婚姑娘们，都要向新娘赠送礼物，叫做添箱。婚前一二十天，新娘便开始"哭嫁"，哭述别离之情，民间文人将其整理为《哭嫁书》，新娘往往要事先学习一番。婚后三日或数日，女家派人持帖去迎接新婚夫妇回娘家，但却不能留住娘家。婚后一个月，方可在娘家留宿，叫作"一月不空房"。此外，巴蜀还有一项特殊的婚礼，即假使新媳妇是寡妇，那么迎娶、迎亲和拜堂就只能在晚上进行，只能坐小轿，没有司仪且不能用乐队。

巴蜀地区有"哭嫁"的习俗

以上皆是巴蜀地区汉族的婚俗，相对于汉族的婚俗，巴蜀地区少数民族的婚姻礼俗更是让人眼花缭乱、目不暇接。

巴蜀地区少数民族婚姻习俗中最为独特的应该是摩梭人的阿注婚。所谓"阿注"，即情侣的意思，其特点是男不娶妻、女不嫁夫，男女双方没有实质的经济联系。如果生了子女，由女方来抚育，男方没有养育儿女的责任。

苗族结婚仪式非常热闹，讲究也很多。在结婚前一个月，村中未婚的姑娘和嫂子

羌族婚俗与酒联系密切

们每天晚上都要陪女方"哭嫁",更确切地讲是唱嫁歌。新婚之日,男方前去迎亲的人必须是单数,女方送亲的人也应是单数。迎亲送亲的人加在一起就成双数,故称"去单回双"。婚宴中,姑娘们往往借劝酒、上菜的机会,往迎亲人的脸上抹锅底黑,或者用豆渣围攻娶亲人。这个活动在当地叫"打亲",意思是越打越亲。

羌族的婚俗和"酒"联系甚密,如"开口酒",即男方相中某位姑娘后,请媒人去女家说亲。吃了此酒,双方便算初步定下婚事;男方备办开口酒数月后,择吉日到女家办酒席招待其近亲,正式定下双方的亲事,叫做小订酒,又称插香酒。吃过小订酒一段时间后,男方要择吉日备办酒席,招待其所有的亲友。同时,送去财礼,特别要送一份贵重礼物给岳母。在这个仪式上,男女双方商定婚期、婚礼等事项,这叫做大订酒。至今这些礼俗仍流行于汶川、茂县、理县等地。

四川境内的藏族青年男女一般是通过对歌的形式相互了解进而产生爱情的,每到夜晚,小伙子们会顶上一件毪衫,并用毪衫遮着脸,在角落里,变着嗓子同姑娘们对歌。姑娘们能听出自己情人的歌声,唱着唱着,一对对情人便坐到一起，共顶一件毪衫倾诉心曲。顶毪衫作为藏族婚姻习俗至今仍流行于松潘县等地。

藏族的年轻姑娘们平常头上都搭着红色头帕，小伙子看中某位姑娘后可趁其不备抢走她的头帕，俗称"抢帕子"。趁姑娘追赶之机，小伙子会告诉她约会的地点。经过交谈，姑娘如不满意，便会取回头帕；姑娘如有意，还会定下次见面的时间和地点。

"泼水迎亲"也是藏族婚姻习俗的一种。流行于马尔康县、金川县、小金县、黑水县、理县等嘉戎藏族地区以及凉山州的木里县等地。结婚之日，新娘的伙伴们会在门前端着水盆，向男方的迎亲队伍泼去，阻止他们把

四川甘孜藏族自治州民居

新娘接走，要迎亲者送财礼或同意宴请大家，才能进门接走新娘。

彝族姑娘出嫁时，以能带大量的嫁妆到婆家为荣，嫁妆主要通过彝族姑娘从小到大不断地积累而获得。这样日积月累，到了出嫁时，嫁妆一般都比较可观。结婚的年月，应以女方年龄是单数为吉，单岁成婚作为彝族婚姻习俗现仍流行。临近婚期，新娘要尽量少食，甚至绝食，以免在去婆家的途中和进夫家三天内大小便，这会被人当作笑柄。这种礼俗被称作"杂空"，又称"饿新娘"，饿的时间越长，就表明新娘越懂礼貌，当然这种状况现在已有很大改变。

彝族女子

在土家族的婚俗中，最有特色的就是"以花定情""找摸米"和"哭嫁"了。当山茶花盛开的时候，小伙子就在约定的地点放一朵花后便躲起来，姑娘到来后会站在花旁唱情歌。过一会儿男青年再出来，双方就可以面对面地谈情说爱了。所谓"找摸米"就是在男方的迎亲队伍中有一个特殊的人，称为"摸米"，是新郎的代表。新娘的女伴们要在迎亲队伍中寻找摸米。被认作"摸米"者，通常会被姑娘们涂抹一脸锅灰。据说，男方小伙子被抹黑脸的人越多，标志着新郎新娘的感情越深。至于土家族的"哭嫁"，也是很有学

哭嫁石刻

问的，土家族姑娘在很早的时候就开始学"哭嫁"，有些人家还请远近闻名的"哭嫁娘子"言传身教。当娶亲的人来到新娘家后，新娘如果哭得不够好，母亲会在一旁帮女儿哭唱，有时还揪痛女儿，让她大哭，以便达到理想的哭唱效果。

3. 节日习俗

巴蜀地区作为汉族与少数民族的聚居区，这里的汉文化在漫长的岁月中逐渐受到少数民族文化的熏陶和影响，因此虽然在春节、元宵节、二月二、端午节、中秋节等传统节日上与全国汉族人一样，但具备了浓郁的地域风情。

邛崃山水风光

　　比如，在除夕之夜，家家户户都要"贮财"。所谓"贮财"，就是把家中的一切物品都看成"财"贮存起来，认为这样能够保证来年财源滚滚、大吉大利。此外，人们还争相在大年初一早上担井水，四川人把这种习俗称为"抢银水"。当地人认为：谁最早担水回家，他在这一年里就会最兴旺发达，而挑满一缸"银水"，则象征着财源涌进。在这一天许多人会竞相赶早，争着到庙里上第一炷香，叫作"烧头香"，认为这样可以带来好运。正月十五元宵节时，成都和自贡都要举行盛大的灯会。尤其是恐龙造型的灯是每年必不可少的，故

春社踩桥会

而自贡灯会又被称作恐龙灯会。还有一年一
度的成都花会，在花会期间，人们不仅可以
观赏到奇花异草，而且还能吃到成都的著名
小吃。

此外，"春社踩桥""女儿节""嫁毛虫"
以及"蔡侯会"都是巴蜀地区较有特色的汉
族节日。

除了汉族以外，巴蜀地区少数民族节日
也是丰富多彩，他们和汉民族一起共同创造
了巴蜀地区乃至中华民族悠久灿烂的节日文
化。这里列举一些有代表性的少数民族节日：

每年农历七月二十五日是摩梭人的"转

山节"，这是他们一年中最为盛大的节日。转山在摩梭语中称"日则过"。"日则"指山神，即格姆女神。在摩梭人看来，格姆女神不仅可以保佑他们人畜兴旺、五谷丰收，而且还可以保佑他们爱情美满和婚姻幸福。

"阔拾节"是傈僳族的传统节日，意为新年歌舞节、年节或春节。至今仍流行于德昌县等地。时间在农历腊月底正月初，节期十天左右。节日期间，人们互相拜年，互相祝福，其热闹程度相当于汉族的春节。

"踩山节""赶秋节""羊马节""赶苗场""赠腰带"以及"除夕洗脚"等都是苗族的传统节日。"踩山节"这一天，穿着华丽服装的男女青年往往从四面八方向彩旗和彩带装饰的"花山场"涌来，庆祝这一传统节日；"赶秋节"于每年立秋日举行，节日当天，活动丰富，包括打秋千、舞狮子、玩龙灯、上刀梯等，至今这一节日仍流行于秀山县等地；流行于秀山县龙池、石堤一带的"羊马节"于每年农历四月二十六至二十八日举行。是时，人们杀猪宰羊，请客送礼，隆重庆祝节日；"赶苗场"的起源，相传是苗族人在一次起义

傈僳族节日

失败后形成的，由于官府不让聚会，人们便以吹芦笙娱乐为名，秘密联络，后来逐渐演变为每年农历二月十三日和七月三日举行的两次固定节日，至今仍流行于叙永、古蔺一带；"赠腰带"是流行于叙永县正东一带的苗家传统节日，节日中，青年男女往往通过互赠腰带来寻求自己的意中人；苗族谚语说："大年三十洗好脚，出门处处有着落。"所以每年除夕，苗民都会扯一些乌泡叶、桃花枝等泡水洗脚。据说，这不但能祈福更能防止蚊虫叮咬。

"族年"是土家族传统节日。主要流行于酉阳县东部。当地土家族每年农历七月一

苗族人吹芦笙

羌族人在节日里载歌载舞

日过年。是日，家家邀请亲友、杀猪宰羊、打糍粑、磨豆腐，男女老少其乐融融，欢聚一堂。

羌族最重要的传统节日是羌历新年，羌语称"日羌节"，时间是农历十月初一。另一年节日是"祭山大典"，又称祭山会、山神会等。此外流行于茂县北部的领歌节也颇具特色，据说是为了纪念传说中一位叫沙朗的美丽姑娘，每年五月初五，妇女们都会向沙朗敬献供品，祈求庇护。

彝族传统节日有"端阳节"和"火把节"等。"端阳节"又叫"都阳节"，内容与汉

火把节

族的端午节相近。"火把节"于每年农历六月二十四日举行。节日当天人们要着盛装，举行传统的重大祭祀活动。起初，彝族先民们是通过打火把来驱虫辟邪，企盼来年丰收的，后来才逐渐演变成有射箭、赛马、摔跤等项目的民间文化体育节日。

相对于其他的少数民族，藏族的节日似乎更加丰富。如"插屋顶旗"，每到新年，各家即将一面三色布旗插在屋顶上，禳灾祈福。再如宗教色彩比较浓厚的"晒佛节"和"央勒节"。"晒佛节"一般在藏历二月初和四月、

晒佛节

六月的中旬举行。届时，各寺将珍藏的巨幅布画及锦缎织绣的佛像取出，供信徒们顶礼膜拜。央勒节是巴塘藏族群众的传统节日，也是一年一度的盛大活动。"央勒"为藏语，汉语意思是"夏令安居"。在此期间，各个寺庙都要举行诵经会，故而"央勒"也被看作是藏传佛教的节日。值得一提的还有藏族传统节日"赏花节"和"转山会"。流行于马尔康一带的"赏花节"又称"看花节"，是青年男女谈情说爱的好机会。节日期间，人们常常成群结队地到野外欣赏山花。"转山会"又称"沐佛节"或"敬山神"。至今仍流行于甘孜、阿坝藏族地区。每年的农历四月八日，甘孜藏区远近群众身着民族服装，先到寺庙里燃香祈祷，焚烧纸钱。然后，转山祭神，祈求神灵保佑。继而支起帐篷进行野餐，演藏戏，唱民间歌谣，跳锅庄舞、弦子舞等活动。此外，骑手们还进行跑马射箭比赛。

4. 饮食习俗

不同地区的人们有不同的饮食习惯。而对于多民族混居巴蜀地区的人们来说，饮食习俗更具有多样化的特征，表现在日常生活、年节或婚庆饮食习俗等很多方面。如"甑子饭"和泡菜在当地的日常饮食中占有重要位置；

九大碗

"刨汤"通常在春节这样的节日中更是必不可少；用肉配上笋片、芋头、淮药等菜炒成的"九大碗"绝对是婚宴上的重头戏。

在各种各样的饮食习俗中，最值得一提的要属川菜。川菜作为中国四大菜系之一，在烹饪史上占有极其重要的地位。川菜发展至今，已具有取材广泛、味道多样、菜式多样三个特征。更是以别具一格的烹调方法和浓郁的地方风味享誉中外，成为中华民族饮食文化中一颗璀璨的明珠。川菜发源于我国古代的巴国和蜀国。它经历了从春秋至两晋的雏形期，隋唐到五代有了较大的发展，两宋时出川并传至各地，至清末民初最终形成。川菜的形成和发展离不开当地风俗习惯、自然条件和兼容并包的开放态度。

据史学家考证，古代巴蜀人早就有"尚滋味""好辛香"的饮食习惯。每有嫁娶良辰、待客会友之时，富贵人家无不大摆"猎宴""厨膳""野宴""船宴""游宴"等筵席。这种风气流传至清，又有了新的内容，即民间婚丧寿庆，也普遍筹办"家宴""田席""上马宴""下马宴"等等，这些名目繁多的筵席成为造就众多烹饪人

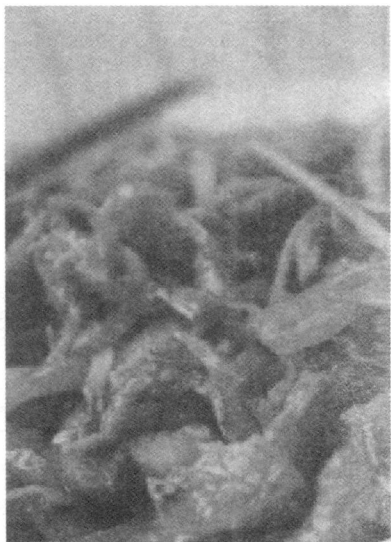
川菜

辣椒

才的重要途径。

　　此外，得天独厚的自然条件是川菜得以形成的物质基础。四川自古以来就享有"天府之国"的美誉。境内山川遍地、江河纵横，山有野味、河有鱼虾，且有品种繁多、质地优良的酿造调味品和种植调味品，如成都地区的辣椒、自贡井盐、新繁泡菜、内江白糖、阆中保宁醋、德阳酱油、郫县豆瓣、茂汶花椒、永川豆豉等，这些都对巴蜀饮食文化的发展起到一定的促进作用。

　　另外，川菜的发展，不单靠其丰富的自然条件和传统习俗，更得益于广泛吸收外来的经验。在川菜的发展过程中,宫廷、官府、民族、民间乃至教派寺庙的菜肴,都曾被吸收和改造。秦灭巴蜀之时,大规模的移民潮不仅带来了中原的先进技术和生产经验,也带进了中原的饮食习俗。尤其是在清朝,外籍入川的人更多,范围也更广,涵盖了以湖广为首的十多个省份。在这种情况下,川菜加速吸收各地之长,在继承发扬传统的基础上,不断改进提高,最终形成风味独特、食用人群极为广泛的四川菜系。川菜的菜式融汇了高级宴会菜式、普通宴会菜式、大众便餐菜式和家常风味菜式四个部分。既具有鲜明的地域特色,同时针对

鱼香肉丝

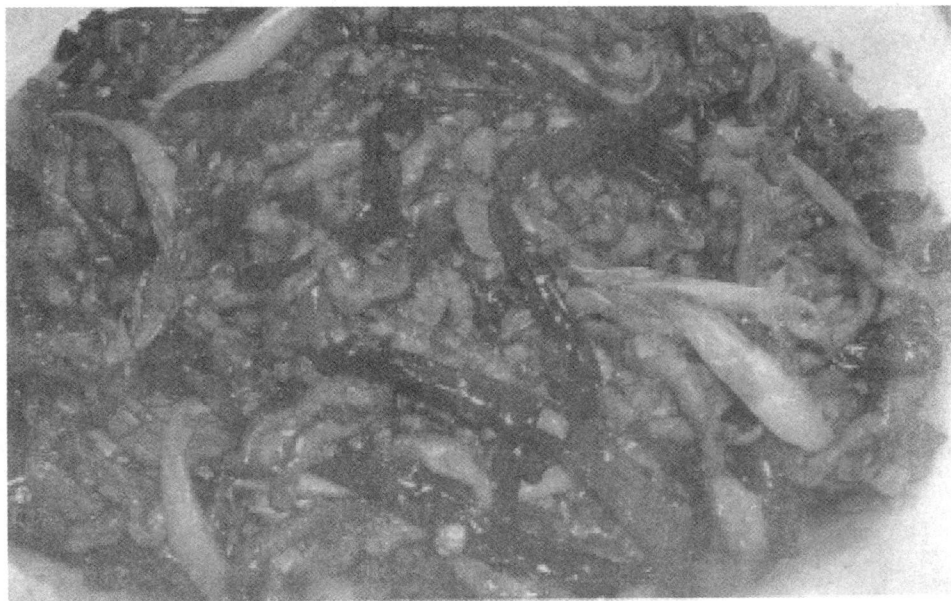

不同食用人群，又具有广泛的适应性。高级
宴会菜式强调工艺精湛、品种丰富、色味并
重、气派壮观。相对于高级宴会菜式，普通
宴会菜式则主张就地取材，以加工精细为主。
大众便餐菜式，以烹制快速、经济实惠为特
点。家常风味菜式，则操作易行，如回锅肉、
麻婆豆腐、宫保肉丁、干煸牛肉丝、怪味鸡块、
河水豆花等，花费极少，又名而不贵，无处
不宜。除以上四类菜式外，还有四川各地许
多著名的传统民间小吃和糕点菜肴，如成都
的龙抄手（即馄饨）、赖汤元、钟水饺、韩包
子之类，也为川菜浓郁的地方风味增光添彩。

　　总之，川菜是历史悠久、地方风味极为
浓厚的菜系。它的发展必将不断丰富巴蜀地

回锅肉

区的饮食文化的内涵。

5. 茶文化

四川乃天府之国，土地肥沃，且气候暖和。富足的盆地亦孕育了悠久的茶文化。在《华阳国志·巴志》中有载："武王既克殷，以其宗姬于巴，爵之以子……鱼盐铜铁、丹漆茶蜜……皆纳贡之。其果实之珍者，树有荔枝，蔓有辛蒋，园有芳蒻香茗，给客橙葵。"跟据《华阳国志》的记载，川茶在周武王时（约公元前 1058 年）已列为贡品，"园有芳，香茗"。陆羽在他所著的《茶经》中称赞四川的蒙顶茶，是天下第一茶，为茶中绝品。而根据王褒《僮约》的记载，可知当时的成都

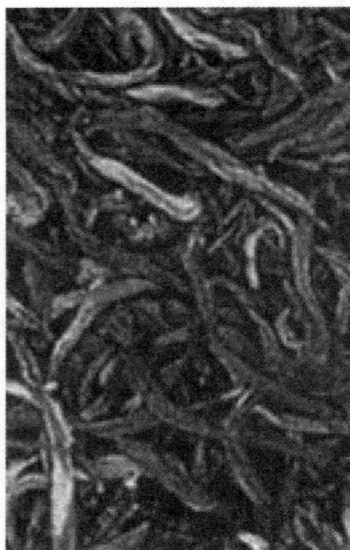
青城茶

一带，饮茶已成为风尚，且有了专门的茶具，茶业已经商品化，还促成了如武阳（今四川省彭山区）一类的茶业市场的出现。张载《登成都白菟楼诗》云："芳茶冠六清"。诗中赞扬茶叶在各种饮料中可称第一，其美味饮誉天下。孙楚诗亦云："姜桂茶出巴蜀。"这些六朝以前的茶史资料表明，巴蜀人发现、利用、栽培茶叶的历史是悠久的。

西汉时，成都就已经成为我国茶叶的一个消费中心，这里气候温润、水旱从人，物产丰富。全国闻名的茶就有好几种，蒙顶茶、峨眉山茶、青城茶和屏山茶并称为"四大名茶"。四川的茶不仅好喝，而且其中所蕴含的茶文化也相当浓厚与独到，茶馆更独具特色。

饮茶可不光是为了解渴，茶馆儿内的摆设适用、茶具也相当考究，显示出四川地区特有的文化内涵。椅子的材质通常是竹子的，坐垫用竹篾条编成，兼有扶手和靠背，既平稳又舒适，处处体现出人文关怀。人们在茶馆儿内可以聊天、看川剧、听清音，或打盹儿看看闲书、录像片、不时还有算命看相的、擦皮鞋的游走其间，大家都逍遥自在，自得其乐，此刻的茶馆儿俨然成了温馨的公众休息室。成都茶馆儿的浓浓的地方特色就这样

盖碗茶

在不经意间感染着每一位到访的茶客。至于茶具，更是历史悠久，西汉时便有"烹茶尽具"的记载，唐朝大邑县出产的茶碗，胎质洁白，雅致悦目。连大诗人杜甫也称赞道："大邑烧瓷轻且坚，扣如哀玉锦城传，君家白碗胜霜雪，急送茅斋也可怜。"四川人喜欢喝盖碗茶，故而茶馆儿内茶具多为"盖碗杯"。它是由茶盖、茶碗、茶船（茶托）组成。说起茶托还有个典故，据说是唐德宗时，四川节度使兼成都尹崔宁专门为喜欢喝茶、又怕烫手的女儿设计的，自此茶托也是愈制愈精，多达百余种。茶馆儿

茶馆文化是巴蜀民俗文化的
重要组成部分

内，堂倌一手提水壶，一手夹着茶具，挥手之间，茶船满桌开花，接着冲茶盖碗。堂倌干净利落的冲茶技艺不仅令国人拍案叫绝，更让很多慕名而来的外国朋友瞠目结舌。

随着历史车轮的不断前进，集政治、经济、文化功能于一体的茶馆儿文化的内容就愈加丰富、时髦和新颖。但无论如何，它作为民间传统社交活动场所的功能始终没变。茶馆儿文化依旧是巴蜀民俗文化中十分重要，而又极具特色的组成部分。

四、源远流长的宗教文化

巴蜀地区宗教文化源远流长

　　作为多民族杂居的巴蜀地区，其宗教特色是非常鲜明的，除了少数民族所拥有的本族宗教之外，还具有在全国甚至世界范围内广泛流传的佛教、道教、基督教等。它既是我国土生土长的宗教——道教的发源地，又是南方佛教的中心，和巴蜀地区的传统文化有着密不可分的关系。因此，巴蜀地区的宗教作为巴蜀人民生活的一部分，势必对当地人民的生活、文化传统及民俗民风都产生深远的影响。

　　（一）原始崇拜

　　巴蜀地区宗教文化源远流长，距今约

四千八百年的三星堆遗址出土的神坛和通天神树等，就以独特的形式展示了古蜀人的原始宗教崇拜情结。蜀人的信仰比较丰富，包括自然崇拜、灵物崇拜、图腾崇拜、祖先崇拜等等，最初的蜀人信奉"万物有灵"的观念，巴蜀先民认为，不仅人有灵魂，日月山河、树木花鸟等无不具有灵魂。

比如《史记·封禅书》中载：秦并天下，立"天地名山大川鬼神""自华以西……渎山。渎山，蜀之汶山""江水，祠蜀。亦春秋泮涸祷塞，如东方名山川，而牲牛犊牢具珪币各异"。另《蜀王本纪》载："李冰以秦时为蜀守，谓汶山为天彭阙，号曰天彭门，云亡者悉过其中，鬼神精灵数见。"

古蜀人有着原始宗教崇拜情结

汉山即岷山，而以岷山为神山，则是蜀人早已有之的信仰。

又如，古巴蜀先民曾赋予石头以无比的神性。有资料记载：李冰治蜀时，曾"作石犀五头以厌水精""于玉女房下白沙邮，作三石人立三水中"，这应该是受蜀人石头崇拜的影响所为。三星堆文化遗址中曾出土一块大石，所不同的是，它与金、玉、青铜器等埋在一起，显然这是蜀人祭祀的神灵。

现实中存在或想象中的动物也是蜀人信仰中常见的主题之一，如龙、凤、夒、虎、豹、蛇、牛、鱼、马、羊、鸡、鹰等，都是巴蜀先民们崇拜的对象。这一点可以从三星堆遗址出土于祭祀坑的金、铜、玉、陶等动物雕

四川大足石刻卧佛

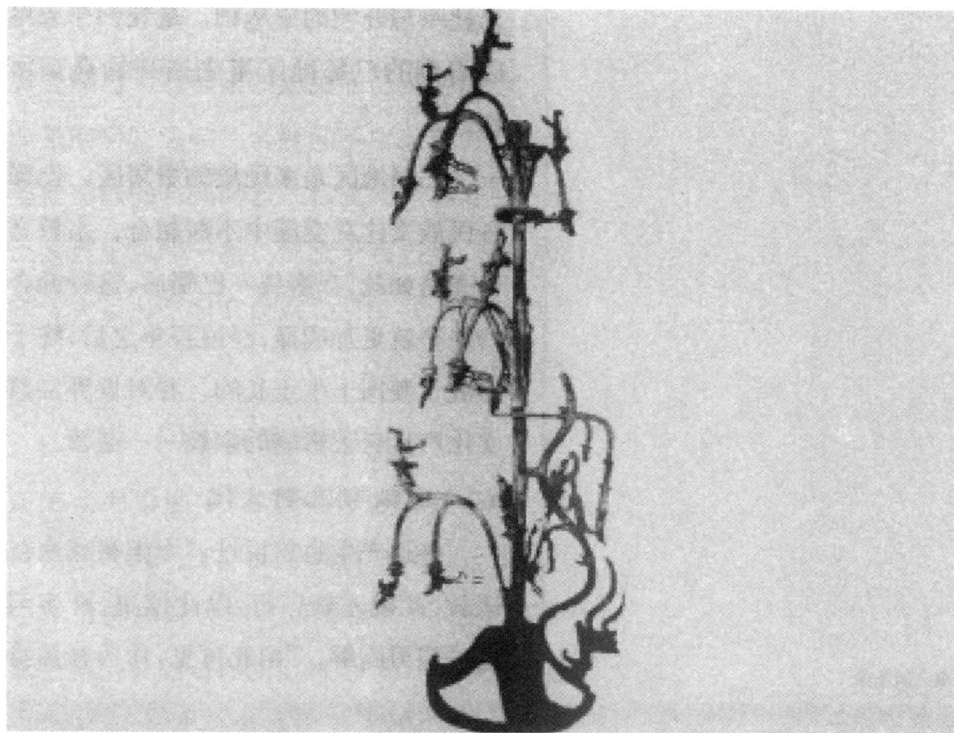

三星堆遗址出土的青铜神树

像中看出，说明它们属于被顶礼膜拜之物。

　　祖先崇拜最初始于原始人对同族死者的某种追思和怀念，在此基础上将本族的祖先神化并对之祭拜，它和图腾崇拜有一定的关联。如在三星堆出土的几棵青铜神树，我们不仅可以看到繁茂的枝叶、花卉和飞禽走兽等雕像，还可以看到守护它的青铜武士。显然这些树具有非同寻常的意义。又如专门祭祀蜀王杜宇与开明的望丛祠，是我们今天可以看到的巴蜀地区祖先崇拜的典型实物。

巴蜀地区是多民族的聚居区，巴蜀各民族文化在交流中不断融合，宗教文化亦是如此，在秦统一巴蜀后，这种融合的趋势就更加明显，经过百年之后，终于形成了我国土生土长的，并对世界宗教文化产生巨大影响的宗教——道教。

（二）道教与巴蜀文化

鲁迅先生也曾说过："中国根底全在道教，此说近颇广行，以此读史，许多问题可迎刃而解。"由此可见，作为独具特色的中国传统宗教，势必对我国的传统文化产生深刻而广泛的影响。道教的创教之地就在巴

道教三清圣像

蜀，尤其是巴蜀一带的巫鬼文化是道教产生必不可少的条件。《后汉书·南蛮西南夷传》说巴人"未有君长，俱事鬼神"。《华阳国志·蜀志》说大江两岸"民失在于征巫，好鬼妖"。《华阳国志·蜀志》说巴人"俗好鬼巫"。这些信鬼求巫的习俗是创立道教的肥沃土壤。

在今四川省都江堰市青城山腰，有一道教名观——古常道观，据说是东汉道教天师张陵结庐传道之处，后世遂称为"天师洞"。可见，对于道教的产生，张陵自然是功不可没。他作道书24篇，完成了道教的神学思想体系；选择青城山作为"静

古常道观

思精至""整理鬼气"的创教基地；改造了巴蜀原有巫术，建立神系、教区组织和斋戒仪轨。据《仙鉴》记载，当时巴蜀地区人巫混杂、妖孽横行，生灵涂炭，而青城山一带，则被称作是"六天鬼域"。张陵曾亲率座下弟子，横扫鬼域，遂"令五方八部六天鬼神，会盟于青城黄帝坛下，使人处阳明，鬼行幽暗，使六天鬼王归于北丰，八部鬼帅领众窜于西域，五行之毒又戒而释之"。《三天玉堂大法》也说："五部之鬼自受祖师誓约之后，归心正道已久，故张元伯以忠信立雷部直符，赵公明以威直充玄坛大将；余皆为丰都丑狱之酋长，皆不复为妖也。"那些所谓的"鬼、

张陵塑像

魔、龙、虎"，据考证，实际都是指巴蜀一带的少数民族。如"龙族"是古蜀族，"虎族"是巴人。这些神妙传说一方面说明巴蜀一带道教势力之大、影响之广；另一方面，也从侧面反映了张天师改变巴蜀原始巫教，创立中国道教曲折的历史过程。

事实上，天师道作为道教的主要宗派，其发展历程是相当曲折而漫长的。它是在融合其他组织基础上，不断改进、创新并延续至今的。由于天师道发源于巴蜀，经过祖天师张陵、嗣师张衡、系师张鲁祖孙三代的发展，又充分吸取了古时巴蜀巫术文化和神学传统，从而开辟了汉末巴蜀地区宗教文化的新气象，奠定了四川作为道教文化圣地的特殊地位。

在道教的发展历程中，五代前蜀时的杜光庭，作为道教著名领袖，曾为道教理论建设作出过巨大的贡献，被誉为"扶宗立教，天下第一"。传说明代张三丰曾住成都二仙庵，使得巴蜀地区武当派颇盛，真武宫观也很普遍，以今宜宾市翠屏山最为著名。清代康熙初，陈清觉自武当山来青城山传全真龙门派，后来又主持二仙庵，使道教再一次兴盛。

赵公明像

如今，青羊宫也是成都城内非常著名的宫观，相传是老子出关见关尹之处，宫内收藏有木刻《道藏辑要》板片，是研究道教的重要文物资料。整个四川盆地内共有 28 处道教石刻，其中以大足石刻中的道教造像最为系统和完整。

道教自创立之日起，便在教区内，立祭酒统领道民，以《道德经》来教化民众，宣扬自重自爱，互相帮助的教义。如在教区中设立义舍义仓，以救济路人与贫苦道友。同时还废除了一些刑法，减轻道徒民众的负担。天师道的这些措施从人民的角度出发，顺应天、地、人三才的思想，因而受到了当地民众的支持和欢迎。道教从此得以在巴蜀兴盛、

《道德经》

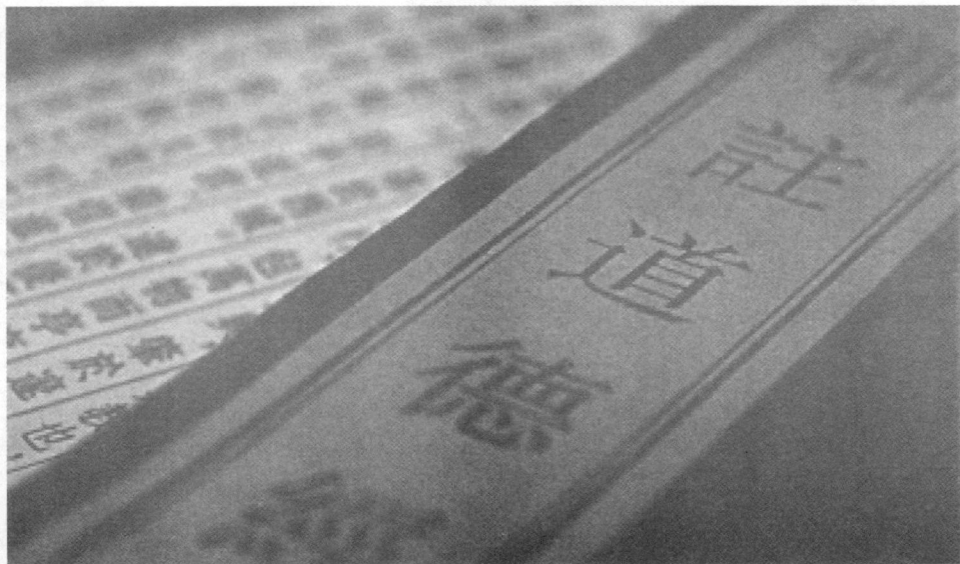

宏扬并迅速推广至全国各地，道家思想和道教文化才得以深远地影响到华夏儿女生活中的方方面面，成为与儒家、佛家思想相抗衡的传统三大主流思想。在漫长的历史进程中，道教对中国古代的哲学思想、文学艺术、风俗人情及科学技术的影响是毋庸置疑的。至今人们所说的"一人得道，鸡犬升天""八仙过海，各显神通"等典故均出于道教，可见道教影响中华文化之深。

（三）佛教与巴蜀文化

佛教对我国古代文化的影响也是极为深远的，根据近年的研究和考古发现，巴

道教在巴蜀兴盛、弘扬

乐山柿子湾崖墓

蜀地区出现了不少东汉晚期的佛教造像。如乐山柿子湾1号崖墓和麻浩一号崖墓的石刻佛像、绵阳何家山1号崖墓出土摇钱树上的铜铸佛像、什邡皂角乡出土东汉画像砖上的佛塔与菩提树，彭山县东汉崖墓中的摇钱树陶座上的坐佛与侍者像、宜宾黄塔山东汉墓出土的一尊坐于青狮上的佛像，以及乐山西湖塘出土的施无畏印陶俑等。这说明早在东汉时期，佛教就已传入巴蜀。

《高僧传》曾载，高僧道安于东晋哀帝兴宁三年率弟子进入四川传教。从此，巴蜀地区的僧众数量与日俱增，到隋唐时，达到

麻浩崖墓内景

东汉佛塔画像砖

玄奘曾在唐时来蜀求学、传教

了鼎盛局面，当时全国有八家禅派，四川就独占了五家。同时大批杰出人物的入蜀经历，也为佛教在巴蜀地区广泛传播提供了条件。如著名的玄奘大师和日本的瓦屋能光禅师都曾在唐时来蜀求学、传教。北宋时期，四川成为佛教禅宗的重要基地。公元971年，成都刻印了我国第一部雕刻版的《大藏经》。南宋时期，成都昭觉寺圆悟、克勤、清远等禅宗大师使得四川的禅法全国闻名。到了明末清初，又创建了影响西南禅法近三百年的聚云禅系和双桂禅系。清末民初，四川地区的知名高僧如能海、宽霖、清定、正果、遍

昭觉寺

能等等，更是不胜枚举。

藏传佛教自公元 790 年前后，由西藏僧人白诺札那传入四川藏区，至 11 世纪中叶以后达到高峰。不仅形成各种教派，而且修建了大量的寺院。

众多的禅林古刹，构成巴蜀文化的一大景观。巴蜀地区的著名禅林寺院有成都的昭觉寺、大慈寺、文殊院、宝光寺，梁山（今梁平）的双桂堂，遂宁的广德寺，内江的圣水寺，重庆的华岩寺等。此外，摩岩石刻造像更是在南北朝时期遍布川中，全川高度在 10 米以上的大佛共有 20

座之多，如乐山凌云寺大佛、潼南马龙山卧佛、安岳卧佛以及被誉为第一大释迦佛的荣县大佛等等，巴蜀成为名副其实的大佛之乡。另有大足的北山、南山、宝顶山，邛州的花置寺，大邑的药师崖，夹江的千佛崖，蒲江的飞仙阁等地的佛教石刻造像至今仍然保存完好，远近闻名。巴蜀作为我国佛教石刻造像最多的省份，其分布范围之广、造像形态之多、题材之丰富、技术之精湛，乃为全国所仅见。

（四）基督教的传入

基督教最早传入我国是在唐代，当时称

花置寺摩崖造像

为大秦景教，所建寺名为大秦寺。《大秦景教流行中国碑》至今还立在西安碑林之中。景教的始创人是聂斯脱利，出生于叙利亚。当聂派传入中国时便以景教命名。

贞观九年（635 年），唐太宗李世民亲自接见了带着景教经书前来长安的波斯人大德僧阿罗本。李世民曾批准他们在长安兴建一所庙寺，初名为"波斯寺"，后更名为"罗马寺""大秦寺"。景教得以在中国立足，并在发展过程中传入四川，当时，景教在成都西门的石笋街和峨眉山等地都建有大秦寺，而且四川的地方官员也曾倡导景教。

公元 845 年，唐武宗下诏捣毁天下佛寺 5000 座，发生了中国历史上最大的一次宗教迫害运动，史称"会昌法难"。中华佛教八宗在经过几百年的传播之后，从此开始走向下坡路。虽然"会昌法难"主要针对佛教，但同时波及景教，当时有 3000 景教、祆教徒还俗。经过此次打击，伴随着景教在中原地区的泯灭，四川的景教也就逐渐销声匿迹了。

《大秦景教流行中国碑》

五、辉煌灿烂的文学艺术

老子雕塑

（一）家喻户晓的文学巨匠

巴蜀自古以来就以人杰地灵著称。数千年来，这里形成了独具特色的文学发展轨迹，在巴蜀文学漫长的发展过程中，尤以汉、唐、宋三朝所取得的文学成就最大，涌现出一大批享誉全国的文学大家。

司马相如故里

汉魏南北朝时期，巴蜀地区的政治和经济发展相对稳定，给作家的创作提供了良好的社会环境。另外，对外交流的频繁也为文学的发展注入了新的活力，此时大批巴蜀作家在汉代文坛独领风骚，文章冠绝天下，汉赋是汉代最具有代表性的文学体裁，司马相如、扬雄、王褒都曾以赋体文学的创作名闻天下。

司马相如是西汉时期的著名辞赋家，他是四川成都人，《汉书·艺文志》写道："司马相如赋二十九篇。"可见他的文学成就主要表现在辞赋上。《天子游猎赋》是司马相如最具代表性的赋体文学创作，无论在内容上，还是形式上，它都可堪称中国文学史上第一篇全面体现汉赋特色的大赋。此外,他的散文名作《谕巴蜀檄》和《难蜀父老》不仅体现了司马相如作为一位文学家敏锐的洞察力，更展现了他作为一名政治家的远见卓识。司马相如的创新精神和辞章更广泛地影响着一代代巴蜀儿女，今天的成都还保留着取自司马相如之语"驷马桥"的地名。"琴台故径""文君酒家"和锦江之畔塑起的司马相如花岗石造像等都是巴蜀人民纪念这位大文学家的实证。

在这一时期，扬雄和王褒也是巴蜀地区的辞赋名家。扬雄早年喜欢辞赋，在创作上模仿司马相如，故后世有扬马之称，如《甘泉赋》《羽猎赋》《长杨赋》就是这方面的代表作品。而他晚年却认为辞赋创作是欲讽反劝，作赋只是一种"童子雕虫篆刻""壮夫不为"。这些评论对赋的发展与后世对赋的评价有一定影响。此外，他还是"连珠体"的创立人。在散文方面的成就也很高，如《谏不受单于朝书》就以说理透彻、精辟而见长。他模仿《论语》而作的《法言》曾对唐代的古文家产生不小的影响。汉成帝时，蜀中的王褒以《圣主得贤颂》闻名于世，这篇文章文辞华丽、构思细密，对后世骈文的兴起产生了很大影响。另外他的《九怀》《洞箫赋》《甘泉

扬雄是巴蜀地区的辞赋名家

李白是巴蜀文学最杰出的代表

宫颂》《僮约》也都是当时不可多得的美文。

　　唐宋时期的成都是全国最繁华的大城市之一，被称为"扬一益二"。伴随着物质文化的发达，文学的创作也掀起了一个高潮，不仅出现了李白、苏轼这样的大文豪，更有很多作家入蜀，完成了大量的文学创作。如杜甫、李商隐、白居易、陆游等，他们对巴蜀地区文学创作的影响在某种程度上甚至超过了巴蜀本土作家。

　　李白是巴蜀文学最杰出的代表。他的诗是浪漫主义与现实主义相结合的产物，不但反映了现实生活，还把唐诗推向高峰，堪称唐诗的最高典范。杜甫在蜀期间的诗作进入成熟期和丰收期，

王勃在四川留下了许多诗作

仅在成都浣花草堂就作诗二百七十多首，在夔州（属重庆市）作诗四百三十多首。他的诗极具现实性，内容基本触及了唐代社会生活的方方面面，可以看作是唐代社会的一面镜子。此外，隋唐时期，巴蜀文学的名人还有王勃、杨炯、卢照邻、岑参等。他们在四川写下许多著名的诗歌，对推动四川文化的发展作出了巨大贡献。

五代时期，随着商业的繁荣，城市经济的发展也是突飞猛进，成都作为大都市，其市民的娱乐活动相当丰富，如花间派词人韦庄就曾在《怨王孙》中描写了成都繁荣的街景一角："锦里，蚕市，满街珠翠，千万红妆。玉蝉金雀，宝髻花簇鸣珰，绣衣长。日斜归去人难见，青楼远，队对行云散，不知今夜，何处深锁兰房，隔仙乡。"虽然花间词派和巴蜀词人喜欢在裁红剪翠上下功夫，但相当一部分诗词作品对于研究当时巴蜀地区的民俗、历史还是颇有价值的。

在"人文之盛，莫盛于蜀"的宋代文坛，苏舜钦、三苏、陆游及范成大等都是颇具影响力的作家，在创作倾向上，爱国斗争和爱国思想成为主题，形成了两宋巴蜀文学史上爱国文学的高潮，如苏舜钦的诗多表达杀敌报国的雄心壮志，笔触雄健、感情奔放，他也是宋诗的开拓者。三苏父子是宋代诗文新运动的主要人物，他们的散文曾引起了宋代文风根本性的变化。三苏之中，苏轼的成就最大，被誉为宋代最伟大的文人，能"出新意于法度之中，寄妙理于豪放之外"，开创了豪放词派，与韩愈并称为"韩潮苏海"。陆游将两宋诗歌中所体现的爱国主义思潮推到了顶点。入蜀八年是是陆游创作的成熟时期，不仅写了大量的诗歌，而且写了一部旅游日记《入蜀记》，是古代四川旅游文学中的优秀作品。与陆游同时期的田园诗人范成大也曾

陆游像

居住成都三年，三年间，他创作了不少吟咏成都风物的名篇佳作。如《丙申元日安福寺礼塔》和《吴船录》就是其中的代表作品。

总之，巴蜀地区自古以来便有优良的文学创作传统，几千年来，这块土地名家辈出、佳作无数，巴蜀文学必将对整个中国文学史产生深远而重要的影响。

（二）精彩纷呈的音乐舞蹈

巴蜀乐器的由来非常古老，1929 年在三星堆月亮湾玉石器窖藏中发现石磬一件，形如曲尺，音声清脆优美。无论是纹饰还是形制，都与中原地区的石磬相仿。这说明蜀人在很早以前便懂得欣赏音乐，并开始创作音乐了。

三星堆文化牙璋

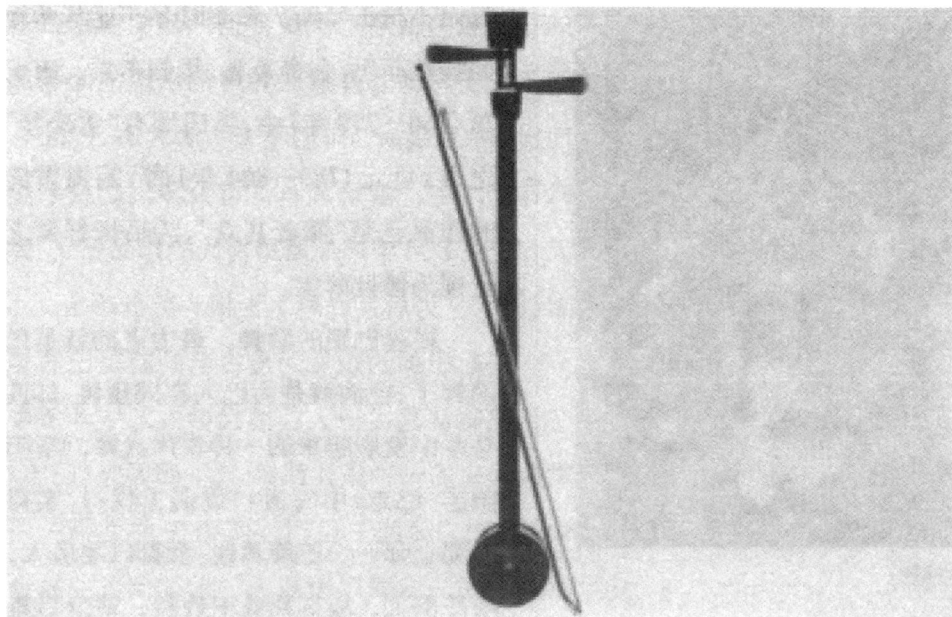

雷琴

此外，在三星堆遗址生活区发现吹奏乐器陶埙和铜铃数十枚。可见，巴蜀地区音乐文化的扩展是比较广泛的。

在巴蜀音乐中，最著名的乐器是雷琴。四川雷氏造琴，传承了三代人，计有雷绍、雷霄、雷震、雷威、雷俨、雷文、雷珏、雷会、雷迅九人。其造琴活动从开元起（公元 713 年）到开成止（公元 840 年），前后约一百二十多年，经历了盛唐、中唐、晚唐三个历史时期，使得西蜀雷氏享誉天下，《琴书大全》引黄延矩语称，雷琴"岳虽高而弦低，弦虽低而不拍面，吟振之而有余音"。评价极为中肯。宋苏轼《杂书琴事》也称雷氏琴

巴渝舞

的岳山较为低矮，不足容指，却能做到弦低而不拍击琴面。弹奏时琴声能从两池间畅然而出，余音袅袅，徘徊不去。唐大历（766—779年）中，雷氏琴有"雷公琴"之誉；贞元（785—804年）时，西蜀雷氏的作品已是"弹者甚众"，为后世好琴之士视为稀世珍宝。

提起巴蜀的歌舞，最古老的就是巴渝舞了。巴渝舞是古巴人在同猛兽、部族斗争中发展起来的一种集体武舞。《华阳国志·巴志》中写道："周武王伐纣，实得巴蜀之师……巴师勇锐、歌舞以凌殷人，前徒倒戈，故世称武王伐纣，前歌后舞也。"可见，周武王伐纣的时候，巴渝舞起到了鼓舞士气的作用。周武王还利用前歌后舞来抵御周边方国、部族的侵袭。范晔在《后汉书·西南夷列传》中写道："阆中有渝水，其中多居水左右，天性劲猛，初为汉前锋，数陷阵……"这可看成是巴渝舞的孕育时期。

巴渝舞是阆中渝水土著巴族人所创造的民间舞蹈。人天性劲勇，俗喜歌舞。汉高祖刘邦伐三秦建大汉时，便招募人为汉军前锋。据《晋书·乐志》记载："巴渝舞曲……总四篇，高祖乐其猛锐，数观其舞，使乐人为之。"司马相如也曾在《子虚赋》中描绘了巴渝舞

巴渝舞

的壮观："千人唱，万人和，山陵为之震动，山谷为之荡波。"由于亲自目睹了这种舞蹈在战争中的效果，汉高祖将其引进宫廷。经魏晋南北朝，至唐代，虽曾数易其名，仍盛演不衰。隋唐时期，巴渝舞被改造为宫廷乐舞。隋唐以后，巴渝舞逐渐走向民间。杜甫曾在诗中说："万里巴渝曲，三年实饱闻。"后来，这种巴渝曲便演变为著名的《竹枝》歌舞了。唐以后，巴渝舞在宫庭中逐渐销声匿迹，名不见经传了。但在民间仍世代承传，历经演变，原始的武舞演变成祭祀性舞蹈和庆典性舞蹈。

至今，每当节日或庙会时，人们都要表

演巴渝舞。巴渝舞作为一门古老的艺术仍旧在今天的舞台艺术中闪烁着灿烂的光芒。

（三）神秘而又多源的川剧

在四川民众的文化生活中，川剧和川菜同被誉为正宗的"川味"。在声腔上，川剧是由高腔、昆腔、胡琴腔、弹腔等四大声腔加一种本省车灯戏组成的，是我国戏曲宝库中一颗明珠，主要流行于四川、云南、贵州等地。早期的川剧有资阳、川西、川北、下川东等不同支派。目前，川剧的主要流派有旦行的浣派、丑行的傅派、武行的曹派等。

川剧剧目繁多，大概两千多种，早有"唐三千，宋八百，数不完的三列国"之说。其中

川剧剧照

要以高腔部分的遗产最为丰富，艺术特色亦最显著，传统剧目有"五袍"，指的是《青袍记》《白袍记》《绿袍记》《红袍记》《黄袍记》。"四柱"是指《水晶柱》《九龙柱》《碰天柱》《五行柱》。"四大本头"是指《琵琶记》《金印记》《红梅记》《投笔记》。其中有不少是其他剧种失传的剧目，其价值非常珍贵。

正在化妆的川剧演员

川剧语言生动活泼，充满鲜明的地方色彩、浓厚的乡土气息，拥有广泛的群众基础。川剧讲究真实细腻、幽默风趣。川剧的角色分工很多，有生、旦、净、末、丑、杂等六大类。川剧刻画人物性格的方式有托举、变脸、钻火圈、开慧眼、藏刀等特技，展现了川剧作为舞台艺术多彩而神秘的气氛。

变脸作为我国川剧艺术中的瑰宝，是川剧艺术中用来塑造人物的一种特技，也是揭示剧中人物内心思想感情的一种表现主义手法。据说，这是最初用来吓唬野兽的一种方式。为了达到炫目的礼堂效果，变脸脸谱会选用一些粗犷、锐利、颜色对比强烈的鬼怪类造型，人们对剧中人物的态度，包括歌颂赞扬、揭露讽

川剧脸谱

刺、鞭挞批判等全都可以从脸谱色彩中反映出来。

一般而言，变脸主要有"吹脸""扯脸""抹脸"和"运气变脸"四种手法。

"吹脸"是将准备好的金粉、银粉、墨粉等，装进特定的容器里，表演时，演员只需将脸贴近容器一吹，粉末就会扑在脸上，吹时必须闭眼、闭口、闭气。通过把粉铺在脸上实现变脸。

"扯脸"需要巧妙利落的舞蹈动作的掩护，是一种较为复杂的变脸方法。表演前，需要将脸谱画在一张张绸子上，剪好，每张脸谱上都系有一把丝线，然后将其一张张地贴在脸上。表演者要依据剧情的需要，一张张地将绸子扯下来。

"抹脸"是将化妆油彩涂抹在脸的某一特定部位上，表演时只要用手往脸上一抹，就可变成另外一种脸色。如果整个脸部都要变，油彩需涂在额上或眉毛上；如果只变下半部脸，油彩可涂在脸或鼻子上；如果只变某一个局部，油彩需涂在要变的位置上。如《白蛇传》中的许仙用的就是"抹脸"。

"运气变脸"源于已故川剧著名演员彭泗洪的表演。他在《空城计》中扮演诸葛亮，当剧情发展至琴童报告司马懿退兵后，彭泗洪便运用气功使脸由红变白，再由白转青，从而表现诸葛亮在得知司马懿大军退去后的心理变化。

川剧具有巴蜀文化、艺术、历史、民俗等方面的研究和认知价值，在中国戏曲史及巴蜀文化发展史上具有十分独特的地位。

（四）精美绝伦的手工艺品

独特的地域和民俗，使得巴蜀地区拥有很多别具一格又精美绝伦的工艺美术品，包括蜀锦、蜀绣、漆器在内的工艺品无不带有蜀地鲜明的地方特色和民族特色，它们同为巴蜀文化艺术中的瑰宝。

蜀锦

蜀绣"芙蓉鲤鱼"

　　蜀锦是指汉代至三国蜀郡（今四川成都）所织造的锦，其图案繁华、纹理精细、色彩典雅、别具一格，是一种集民族特色和地方风格为一体的多彩织锦。蜀锦经过两千多年的发展，锦样已经达到数百种之多，与南京的云锦、苏州的宋锦、广西的壮锦并称为中国的四大名锦。

　　唐代蜀锦图案丰富，有团花、龟甲、格子、莲花、对禽、对兽、斗羊、翔凤、游鳞等。宋元蜀锦仍然品种繁多，十分精美，可从元《蜀锦谱》中窥见一斑。明末全国性大动乱对蜀锦生产摧残严重，清代蜀锦得到恢复，并受到江南织锦很大影响。现代蜀锦用染色熟丝织造，质地坚韧，色彩鲜艳。传统构图大体可分为雨丝锦、方方锦、条花锦、散花锦、浣花锦和民族锦六种，其中以雨丝锦和月华锦最有特色。

　　蜀锦不仅质地柔软、色彩绚丽、品种丰富，而且牢固耐用，受到人们的普遍欢迎。

　　2. 蜀绣

　　蜀绣又叫"川绣"，同苏绣、湘绣和粤绣一起并称为中国四大名绣。蜀绣的历史很悠久，据晋代常璩《华阳国志》记载，当时蜀中的刺绣已十分闻名，并把蜀绣与蜀锦并列，视为蜀地名产。最初，蜀绣主要流行于民间，分布在成都平原，世代相传，至清朝中叶以后，逐渐形成行业，尤以成都九龙巷、科甲巷一带的蜀绣最为著名。当时各县官府所办的"劝工局"也设刺绣科，主要生产官服、边花、礼品、嫁奁、条屏、彩帐和日用花衣等。清道光年间，成都增添了许多绣花铺，可见其制作范围之广。

蜀绣是以软缎和彩丝为主要原料，使用独特而又纯熟的刺绣技法，如晕针、纱针、点针、覆盖针等至少有一百种以上精巧的针法绣技法。针法是"针脚整齐、线法光亮、紧密柔和、车拧到家"。由于受地理环境、风俗习惯和文化艺术等各方面的影响，蜀绣在

蜀绣"芙蓉牡丹"

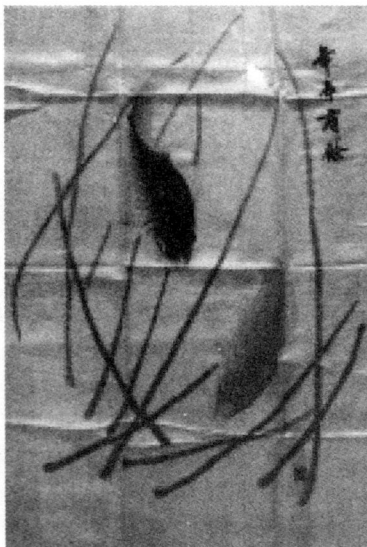

蜀绣“水草鲤鱼”

长期的发展中逐渐形成了气韵连贯、构图疏朗、纹路细腻、色彩明快的独特风格。据《蜀都赋》记载："若挥锦布绣，望芒兮无幅。"说明了蜀地丝织业的发达。

古蜀中的传世绣品较早的有"北宋蜀绣双冠图片"等，如今人民大会堂的"芙蓉鲤鱼"座屏和"蜀宫乐女演乐图"挂屏、双面异色的"水草鲤鱼"座屏及"大小熊猫"座屏，都是令人叹为观止的蜀绣精品。

3. 漆器和竹丝瓷胎

四川是著名的生漆产区，四川漆器也是著名的工艺品。早在两千多年前，四川漆器已具有不裂口、不变形、光泽明亮、抗腐蚀性能强的优点，这在出土文物中已得到充分证实。

到了汉代，四川漆器已风靡中原，品种有盒、奁、盘、耳杯、扁壶、案、卷筒等。漆器上有用色漆精细描绘的禽、兽、神仙等图案。成都漆器有木胎、麻布脱胎、纸胎、塑料胎等多个品种，其造型美观大方、工艺精巧，漆面透明如水，光亮如镜。"雕花填彩"是成都漆器的主要工艺特色。

值得一提的是，四川彝族的特色漆器堪称民族文化宝库中的一部分。凉山彝族漆器技术距今已有一千七百多年的历史。在漫长的生活实践中，彝族先民创造并使用了木皮质器皿，这就具备了漆器的胎质条件。随着汉代后漆器的日益兴旺发达，彝族先民吸收了髹漆工艺，从而创造了富有本民族特色的漆器。彝族漆器伴随着凉山彝族社会的发展，不断丰富提高，达到了一定的艺术水平，深受广大彝族人民喜爱。漆器的使用面广，遍及餐具、酒器、兵器、马具、毕摩用具等二十余种。

竹丝瓷胎又称"竹丝扣瓷"，是从优秀的民间工艺中发展形成的，属于竹类编制中的一种工精艺高的特种编制工艺。它是用很细

四川漆器

制作精美的四川漆器

的竹丝、很软的竹篾依胎编织而成，有生活用品和工艺品的双重价值，曾被誉为"东方艺术之花"。

竹丝瓷胎选料严格，编制难度大。传统色彩以古铜色为主，辅以竹丝本色和黑色竹丝。图案各异，品种繁多，花色翻新，主要产品有花瓶、咖啡具、茶具、饭碗、首饰盒、烟具、竹压盘等。

成都竹丝瓷胎是以"景德镇"名瓷作内胎，用丝细如发、轻薄如绸的竹丝，精巧编织，依胎成型，紧扣瓷胎。编好的成品不论是竹丝本色，还是增饰的别色花纹，或者是编织上的蛟龙戏珠，色泽雅致，清新自然。

（五）瑰丽多姿的绘画艺术

巴蜀地区的绘画历史是非常悠久的，金沙遗址的太阳神鸟，线条流畅，立意精巧，表现出很高的绘画水平，这说明早在三四千年前，巴蜀地区的绘画艺术就发展到了相当高的水平。

总览巴蜀绘画史，唐宋两个朝代是特别值得称道的，这是巴蜀画派形成、发展的重要时期。此时期，蜀中画家不仅名噪全国画坛，而且其精湛的画技对后世也产生了极为重要的影响。

据《资治通鉴》载，安史之乱后巴蜀地区比较安定，"府库充实，与京师无异，赏赐不乏，士卒欣悦"。于是随之先后来蜀避难、定居的文人雅士众多，其中名画家有吴道子、刁光胤、卢楞伽、赵公佑、范琼、陈皓、幸澄、彭坚、孙位、

金沙遗址太阳神鸟金箔

画家吴道子石像

张南本和贯休等，他们的到来使巴蜀地区的绘画艺术有了长足的进步。尤其是刁光胤，他画路宽广，湖石、花竹、猫兔、鸟雀等都达到很的绘画水平。当时蜀中画家黄筌父子、孔嵩等都亲授其教，成为巴蜀画家的代表人物。

从唐末到北宋，蜀中原有的画家加上入蜀的画家，使比较安定富庶的成都地区形成了一个优势明显、特点突出的绘画群体。据《图画见闻志》卷二所载，五代著名画家九十二人，四川就有三十人之多。李畋的《益州名画录·序》称"益都多名画，富视他郡"。可见，当时成都俨然已经成为全国的绘画中心。

巴蜀画派从隋唐时期的孕育期到宋代，经过两三百年的发展，作为一个艺术流派，逐渐为人们所认同和喜爱。其中赵昌、文同、苏轼等作为画派功不可没的代表人物，受到极高的评价和赞誉。

赵昌，四川广汉人，他敢于走出前人的框套，重写生，有"写生赵昌"之称，同时发展了黄筌父子的"黄氏体制"，其翎毛花卉画开拓出新篇，成为巴蜀画派的一门秀色，影响深远。直至今天，巴蜀画派的"写生赵昌"画风，仍光泽照人。

文同，四川梓州人，诗文书画俱优。所画之竹，有"与可画竹，胸有成竹"之美誉。

苏轼作为中国历史上无人比肩的通会之材，对文人画的发生、发展，蔚然成风，定于一尊，作出了巨大贡献。其文人画的风格和技法，至今仍具有生命力。所以后人称他为创立巴蜀画派的重要代表人物之一，称苏氏三父子为巴蜀画派先师。著名的美学家、哲学家宗白华在《艺境》中说："东坡之所谓常理，实造化生命中之内部结构，亦不能离生命而存在也。山

赵昌作品《杏花图》

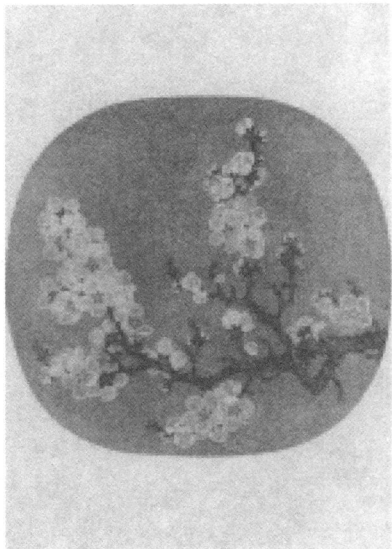

水人物花鸟中，无往而不寓有深沦宇宙之常理。宋人尺幅花鸟，于寥寥数笔中，写出一无尽之自然，物理俱足，生趣盎然。故笔法之妙用为中国画之特色，传神写形，流露个性，皆系于此。"这些充满哲理和美学观的美术理论，无时无刻不在启迪着后来者。如作为近代巴蜀画派领军人物的张大千就有很深刻的体会。他说："我们画山画水，不能照真样直接描画，在一幅画上，有主次，要熔天地为一炉，铸我笔下的新天地，这就是古人说的'笔补造化天无功'。在一幅不大的画面上，画整个山势全景，就是

三苏像

中国画理所说的'竖划三寸当千仞之高，横摆数尺体百里之遥'。所以，写生要能摆脱真景的限制。作画要有取舍，全凭自己的思想，自己的感受，这就是真功夫。"这既是师承前人的成果，又是妙得心源之功。

　　巴蜀画派的特色是婉转细腻，设色丰富

巴蜀画派山水画作品

而秀润，勾线纤细飘逸，无论从画种、画类、画风、画技等不同角度，均有美誉。如称巴蜀画派山水画、仕女画为中国画之绝；称巴蜀画派有豪迈、潇洒之风，有厚重精致之功，有简率空灵之境等等。

巴蜀在科学技术上有着许许多多非凡的发明和创造，这些科技成果不仅促进了生产的发展，同时也满足了老百姓生活的需要，为中华文明和世界文明作出了卓越的贡献。

六、领先世界的巴蜀科技

（一）钻井与采盐

在这些科技成就中，钻井技术和井盐开采是首屈一指的，这是巴蜀先民对中国文明乃至世界文明的一大贡献。

战国末年，李冰在蜀中兴修水利，同时还开出了巴蜀第一口盐井，也是全国、全世界第一口盐井。以后不仅广都有盐井，临邛、蒲江等18个县也陆续出现了全世界第一批成规模的盐井。巴蜀地区呈现出"家有盐泉之井，户有桔柚之园"的局面。李冰治水蜀中，范围涵盖了整个川西南地区。在大规模进行的水利工程中，发现盐卤资源是完全可能的。《华阳国志·蜀志》亦载：李冰在整治青衣江时，"凿乎溷崖，

战国末年，李冰在蜀中兴修水利

通正水道"，南安县有"滩，……曰盐溉，李冰所平也"，这说明李冰在治河滩中发现了天然盐泉。天然盐泉的发现和盐井的开凿对巴蜀地区经济的发展均起到了很好的推动作用。只不过汉代的盐井，还是技术不高的大口浅井，又叫"盐池"，如云阳县的白兔井就是一处典型的大口井，井径 3 米多，井深 53 米，井壁是用八块厚木板拼成的。虽然还比较粗糙，但是这项技术已为中原地区所熟知，如王充就曾在《论衡·别通》中说："西州盐井,源泉深也。"大口井的开凿给巴蜀地区的民众提供了大量的食盐。

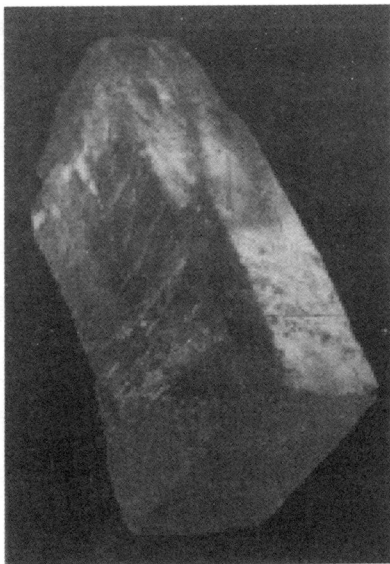

盐矿晶

到了宋代，巴蜀出现了深钻井技术，著名产盐区陵州井研是发明这种技术的策源地。以"胸有成竹"闻名于世的蜀地画家文与可在他的《丹渊集》中明确记载了"井研县……自庆历以来，始因土人凿地植竹，为之卓筒井，以取咸泉，煮炼盐色。后来其民尽能此法，为有甚众"的事实。卓筒井的出现，使盐井的钻凿更为容易，卤水产量更高，故而这种新式盐井很快在巴蜀地区发展起来。卓筒井使巴蜀地区的盐产量有了很大的提高，但仍有一定

世界上最早的天然气井—临邛火井遗址

的弊端，如靠人力操作，效率较低。到明清时，这种钻凿方式又有了新的发展，在每个具体的工序上也有了很大的提高。道光十五年（1835年）在今自贡市大安区长堰塘附近，凿成千米的燊海井，这是当时全世界领先的最深井，至今仍在产盐。在长期的钻井过程中，巴蜀的工匠们不断地积累经验，开拓创新，创造了包括测井、纠斜、打捞、补腔在内的新技术、新工艺。

钻井术发明的价值并不止在于采盐本身，更重要的是，在开采盐井的同时，也发现了天然气。巴蜀先民利用钻井技术，早在西汉中叶宣帝时，在成都市西南100公里的邛州市就凿成了世界第一口天然气井和油井。唐代《十道要记》记载："火井有水，郡人以竹筒盛之，将以照路，盖似今人秉烛，即水中自有焰耳。"可见，当时临邛民众就已从火井中取石油加以利用了。这是关于利用火井来取石油的最早记载。到了明代，四川已有不少地区在油井中吸取石油作为燃料。更令我们骄傲的是，"临邛火井"要比西方最早使用天然气的英国还早一千八百年，可见作为人类科技史上的一项伟大创举，它是当之无愧的。

岷江风光

（二）水利设施

巴蜀地区，特别是川西平原的开发与繁荣是从水利开始的，依赖水利支撑的。西蜀是夏禹文化的起源地，《史记·六国年表序》说："禹兴于西羌。"可见，中华民族的治水英雄大禹即生于阳山。成都平原在上古之时，河道不畅，洪涝成灾。大禹治水就是从岷江开始的，《崔东壁遗书·夏考信录》说："峨山导江，东别为沱"，是大禹治水的方略。先治岷山，"随山而导之""然后循水而导之""以察地势之高卑而蓄泄之"，这种方法在岷江试验成功后，又推及九州，开创了巴蜀地区治水事业的第

都江堰风光

一次高峰。根据三星堆出土文物分析，正是开明氏执政初期，蜀国达到繁荣，并创造了神奇文明。试想如果没有水利工程作基础保证，如此辉煌的文明又如何能实现呢？

《路史前纪卷四》载"鱼凫治导江"，则是蚕丛之后又一治水记载。从蚕丛氏导江开始，古蜀人世世代代治理岷江水患，保护都城。至杜宇望帝时，岷山及其支脉玉垒山发生大洪水，于是有了鳖灵治水、开金堂峡。这次治水成为古蜀治水的又一次高峰。

秦昭襄王时期，蜀郡守李冰领导的都江堰水利工程是古蜀先民治水最伟大的成果，也是世界水利史上无坝引水自流灌溉工程的典范，其历时之长、设计之精妙、灌溉面积之大、使用时间之久、综合效益之高，均为世所罕见。李冰采用了先进的竹笼装石技术进行筑堤护岸，这种以多层竹笼卵石来减轻水势的以柔克刚办法一直延用了两千多年。此外，他还发明了杩杈与羊圈调节水量的技术来合理调节内外江流量的分配，这种技术很长时间以来一直起着水闸的作用。据传李冰根据治水经验还总结出了"深淘滩，浅包堰"的六字诀，至今"六字诀"对于成都平原水利系统的维护仍发挥着重要的作用。后人在"六字诀"的基础上不断扩展、丰富、发展为治水三字经,共六十字,作为两千多年治水经验的结晶,把它刻在二王庙的墙壁上,供世人瞻仰。都江堰水利工程的成功开凿对巴蜀农业的发展起着至关重要的作用。《史记》载李冰"穿二江成都之中,此渠皆可行舟,有余则用溉浸,百姓飨其利"。司马迁盛赞他引水溉田畴之渠"以万亿计"。直到今天,都江堰灌区已扩大到一千万亩以上,后人为纪念李冰及其子二郎治水的功劳,在都江堰修建有"二王庙",在四川各地建有"川主庙",把李冰尊奉为"川主"。

唐宋时期,都江堰水利系统进一步完善和扩大,灌溉面积比秦汉时大大增加,并增修了不少新渠。最著名的渠系有:唐玄宗时期修通济渠,

都江堰风光

巴蜀地区是全世界纸币的发源地

扩大灌田面积 1600 顷；唐禧宗乾符年间，修糜枣堰，并改郫江城南东流为城北东流，形成"二江抱城"的格局，同时又将"负郭丘陵悉平之"，极大地促进了农业的发展；两宋时，又有九里堤、糜枣堰和蟆颐堰的修复，既防水患，又有"沃野之利"，使川西农田一直得以保持稳产高产的水平。

（三）造纸术和印刷术

造纸术和印刷术是我国贡献于全人类的最著名的"四大发明"之二，是我们祖先为世界文明作出的杰出贡献。根据目前所能见到的资料，巴蜀地区在唐宋时代就是全国第一个造纸中心，也是全世界纸币的发源地。宋陈师道《后山丛谈》卷一说："南唐求墨工于海，求纸工于蜀。中主好蜀纸，既得蜀工，使行境内，而六合之水与蜀同。"可见，至少在唐以前，蜀地的造纸业一直处于全国的领先地位。

唐时最著名的纸是"益州麻纸"。麻纸有黄白两种：白麻经过漂白，比较美观；黄麻则加入了黄檗树皮，用它书写可避蛀虫，故唐政府规定"益州黄麻"为宫庭用纸，仅集贤院每月就要用五千番蜀郡麻纸。另外，广都的皮纸和蜀中的"十色笺"也很受欢迎，皮纸价格低廉，《笺纸谱》称："蜀中经史子集皆以此传印。"可见，使用范围之广。而女诗人薛涛用浣花溪水制作的薛涛笺自古以来便久负盛名。据《方舆胜览》记载：中唐时期，"元和初，蜀妓薛涛洪度以纸业，制十色小笺，名薛涛笺，亦名蜀笺"。薛涛笺便于写诗，长宽适度，笺纸有十色，上有花纹图案，后来逐渐用作写信，甚至官方国札也用此笺，一直流传至今。到宋代，巴蜀地区又产生了世界上最早的纸币专用纸——交子纸。

造纸业的发展为印刷术的发明提供了前提和物质基础。隋唐至宋时期，成都作为中国雕版印刷术的发祥地之一，一直是全国印刷业重要

益州麻破

雕版印刷术

基地。

　　我国雕版印刷术的发明大致是在唐初，早期印刷活动主要在民间进行，多用于印刷佛像、经咒、发愿文以及历书等。就刻印地区而言，当时的成都和扬州应是印刷术发源的两个重要地区。现存不多的几件唐代后期的印刷品中，凡标明了刻印地点的都是成都或成都地区，即"西川"刻本。1944 年出土于四川大学校园内的唐印本《陀罗尼经咒》是全世界现存最早的印刷品之一。另外，敦煌《金刚经》写本中有七八种注明是抄自"西川过家真印本""西川印出本"字样。现藏于英国的"中和二年具注历"也是成都樊赏家印卖的杰作。成都卞家、过家、樊赏家，应该说是已知中国最早的一批民营出版家。除上述实物外，文献也多证明唐代成都是印刷术的中心。唐懿宗时，日本僧人宗睿回国带有"西川印子"的《唐韵》和《玉篇》，可知在9世纪中叶，西川印本就已传入日本。宋人朱翌《猗觉寮杂》说："雕印文字，唐以前无之，唐末益州始有墨板。"

五代时期，巴蜀仍是印刷中心。后蜀宰相毋昭裔主持雕版刻了《九经》《文选》《初学记》《白氏六帖》，这是目前所知的我国古代第一批刻印的文学总集和类书。这些书曾在社会上广泛流传开来，不仅对文化事业的发展起到推动作用，而且也掀开了蜀版图书在书籍出版史上的重要一页。

宋代是我国雕版印刷术发展的黄金时期。巴蜀是全国三大印刷中心之一，而成都和眉州又是巴蜀印刷业的中心。北宋初年，成都印《大藏经》，刻板十三万块；北宋政府的中央教育机构——国子监，印经史方面的书籍，刻板十多万块。从这两个数字，可以看出当时印刷业规模之大。"宋时蜀刻甲天下"，在成都所刻《开宝藏》是世界上刻印的第一部《大

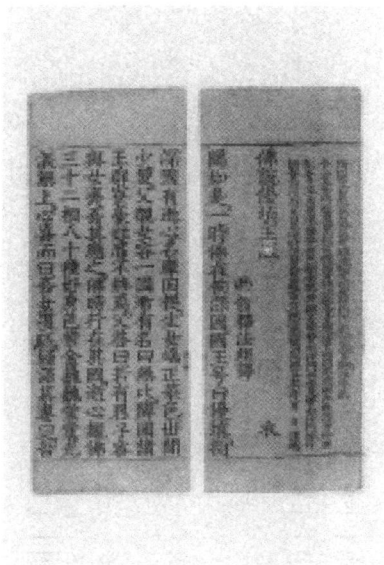

大藏经

纸币"交子"

藏经》，在眉山刻印《册府元龟》和"眉山七史"及其他文集，均闻名于世。宋蜀刻本又被称为"龙爪本"，字大如钱、版式疏朗、墨香纸润，被誉为传世精品。同时，世界上第一批纸币——交子，也是在北宋时成都印刷的，至今四川仍是全国重要的印刷基地。

（四）医药和历法

巴蜀药材资源丰富。据 1985 年统计，四川中药品种占全国品种的 75%。因此巴蜀向来有"天下有九福，药福在西蜀"的美誉。诗人文天祥曾说："炎黄览众草，异种多西川。"说明巴蜀药材资源的丰富。据《名医别录》一书介绍，产于巴蜀的药物就有 80 种。丰富的药材资源又促进了巴蜀地区中医药事业的发展。

巴蜀地区名医辈出。绵阳曾出土汉代画有经络脉线的漆人，说明汉代时穴位针灸、诊脉之法就已经很发达。东汉时涪水之滨的涪翁及其弟子程高和再传弟子郭玉，都是针灸、脉学专家。其所著《针经》和《诊脉法》是我国最早的针灸学和脉学著作之一。唐宋时期，是巴蜀地区医药事业全面发展、取得成就最大的时期。江原人梅彪的《石药尔雅》是我国第一部专论丹药的著作，对研究古代炼丹术有重要参考价值。唐末还出现了我国最早的妇产科专著中医昝殷所撰写的《产宝》，后人称其为《经效产宝》。书中对妇产科疾病的分析和各种处方，大多数为今医所沿用。此外，前蜀人李珣的《海药本草》是后人可见外来药物的第一部专门药典。在宋代，巴蜀地区峨眉山的一位女医生发明了全世界最早的种人痘接种预防天花的方法，见于清人吴谦等的《医宗金鉴·幼科种痘心法要旨》一书。宋代成都人唐慎微所著《经史证类备急本草》是最早集药学大成的著作，曾在海内外广为流传。明清时期，巴蜀地区的医药成就也很可观。如明代四川著名医家韩

《石药尔雅》

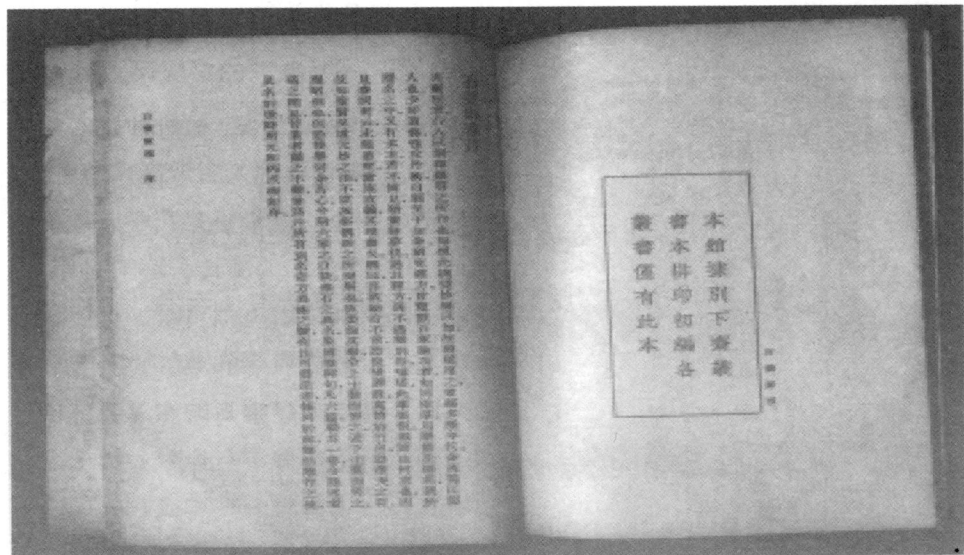

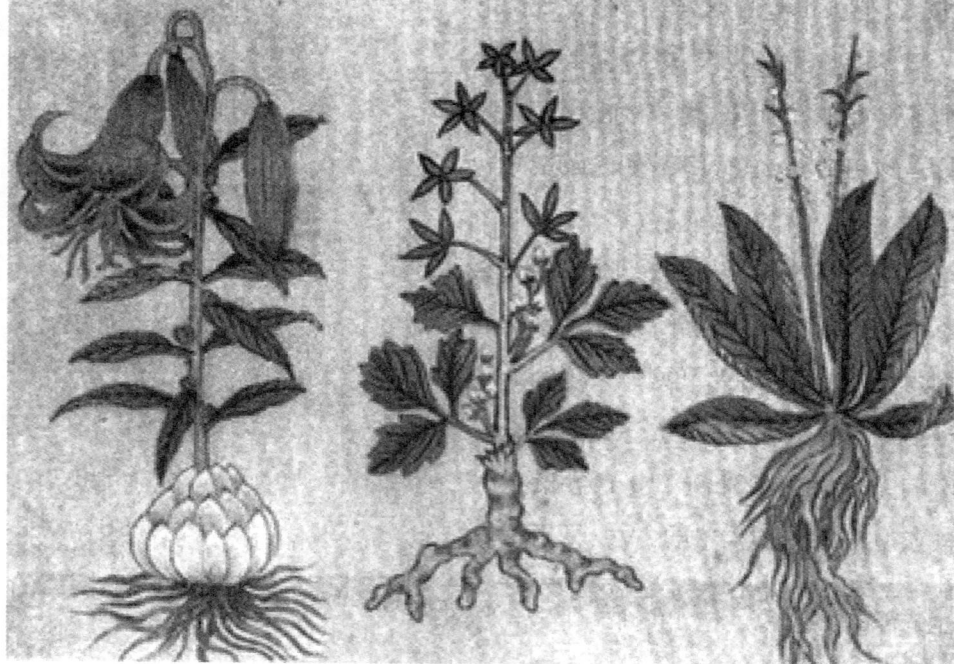

《经史证类备用本草》

愁所撰的《杨梅疮论治方》是全世界最早治疗梅毒的专著，他所独创的霞天膏治疗梅毒有奇效；清末女医学家成都人曾懿对伤寒和温病的病证及其治法有十分深刻的体会，著有《医学篇》一书；清人邛州郑钦安是热药派鼻祖，强调治病立法重在扶阳，用药多为大剂姜、附、桂等辛温之品，人称"姜附先生""郑火神"；彭州人唐宗海著有《血证论》，是我国公认的血症大师，其血证治疗的经验和原则，至今仍有很重要的实践价值。

自古有"天数在蜀""易学在蜀"的说法，说明巴蜀古代天文学有独到的贡献。最早的巴蜀天文学家是春秋时的苌弘。他精通天文、历法、气象，懂得地震知识。《左传·昭公十一年》称他能观察岁星的运行以知"天之道"，《淮南子·氾论训》说他是"周室之执数者也，天地之气，日月之行，风雨之变，律历之数，无所不通"。最杰出的巴蜀古代天文学家是汉武帝时代的巴郡阆中人落下闳。中国古代有四大科学门类成果突出，即"农、医、天、算"，落下闳在这些方面均打下了良好的基础。他不仅继承了中国古代在上述学科领域的成就，而且大大加以发展。由他参与制订的《太初历》，作为中国古代历法的"典范"影响了中国科技两千年的发展，一直到现在，经久不衰，并已逐渐被世界各国认同。同时他又是我国天文仪器浑天仪和浑天象的第一个制作者，是浑天说理论的早期信奉者。著名文人扬雄就是落下闳理论的坚决支持者。

宋太祖时，巴中张思训造出以水银为动力流体的水运"浑象"。因为水银的内聚力很强，特别是具有在空中保持稳定的

天文学家落下闳像

领先世界的巴蜀科技
119

浑天仪

性能，可保证浑天仪正常的运转。宋太祖将其命名为太平浑天仪。南宋时普城黄裳绘制的天文图和地理图至今保存完好，黄裳所绘的星图不仅星数众多，而且比较准确，它对研究古代恒星和论证现代恒星提供了十分宝贵的史料，是世界公认的最早的一幅完整的石刻天文图和我国最早的石刻地图之一。南宋安岳数学家秦九韶所著《数书九章》，提出的"正负开方法"的高次方程求解，和"大衍求一术"的联立一次同余式求解及"三斜求积术"，不仅在当时处于世界领先地位，而且在近代数学和现代电子计算设计中，也起到了重要作用，被称为"中国剩余定理"。尤其是"正负开方术"，被称为"秦九韶程序"。现在，世界各国从小学、中学到大学的数学课程，几乎都接触到他的定理、定律和解题原则。秦九韶在数学方面的研究成果，比英国数学家取得的成果还要早八百多年。